Bewährte Speed Reading Techniken

So lesen Sie 300 Seiten in einer Stunde (bei maximalem Textverständnis). Eine Komplett-Anleitung für Anfänger | Mit Lernübungen für Fortgeschrittene

John R. Torrance

© **Copyright John R. Torrance 2021 - Alle Rechte vorbehalten.**

Rechtliche Hinweise:

Dieses Buch ist urheberrechtlich geschützt und nur für den persönlichen Gebrauch bestimmt. Ohne die Zustimmung des Autors oder Herausgebers darf der Inhalt dieses Buches nicht geändert, verbreitet, verwendet, übersetzt, zitiert oder umgeschrieben werden.

Haftungsausschluss:

Die in diesem Dokument enthaltenen Informationen dienen nur zu Bildungs- und Unterhaltungszwecken. Es wurden alle Anstrengungen unternommen, um genaue, aktuelle, zuverlässige und vollständige Informationen zu liefern. Es werden keine Garantien jeglicher Art erklärt oder impliziert. Der Autor erteilt keine rechtlichen, finanziellen, medizinischen oder professionellen Ratschläge.

Durch das Lesen dieses Dokuments stimmt der Leser zu, dass der Autor unter keinen Umständen für direkte oder indirekte Verluste verantwortlich ist, die durch die Verwendung der in diesem Dokument enthaltenen Informationen entstehen, einschließlich, aber nicht beschränkt auf Fehler, Auslassungen oder Ungenauigkeiten.

INHALTSVERZEICHNIS

EINLEITUNG..1

KAPITEL EINS: 9
Inwiefern wird Speed Reading Ihnen helfen?

KAPITEL ZWEI: 21
Drei Mythen, die Ihnen über Speed Reading beigebracht wurden

KAPITEL DREI: 25
Akzeptieren Sie Ihr Leseniveau

KAPITEL VIER: 29
Wie Sie Ihre Lesegeschwindigkeit berechnen

KAPITEL FÜNF: 35
Wie Sie schneller lesen können

KAPITEL SECHS: 59
Leseverständnis

KAPITEL SIEBEN: 67
Lesen Sie mehr in Ihrer Freizeit, um schneller zu lesen

KAPITEL ACHT: 75
Nachverfolgung Ihrer Lesefortschritte

KAPITEL NEUN: 81
Die Skimming- bzw. Scanning-Methode

KAPITEL ZEHN: 93
Schneller lernen mit fortgeschrittenen

FAZIT.. 119

QUELLEN UND WEITERFÜHRENDE LITERATUR 125

EINLEITUNG

Wie oft ertappen Sie sich dabei, wie Sie durch Ihren Newsfeed scrollen, sei es auf Facebook oder einer anderen Nachrichten-App, und einen Artikel sehen, den Sie lesen möchten, aber sich denken: „Ich habe keine Zeit, das zu lesen"? Vielleicht stapeln sich auf Ihrem Nachttisch auch immer mehr Bücher, die Sie noch nicht gelesen haben und auch nicht vorhaben, sie in nächster Zeit zu lesen. Wir leben in einer immer stärker digitalisierten Welt, die jede Sekunde immer mehr relevante oder interessante Informationen hervorbringt. Unsere Zeit ist wertvoller denn je zuvor. Aus diesen Gründen wird die Entscheidung, wie wir diese Zeit nutzen, zu einer kritischen Entscheidung. Jeder priorisiert seine Zeit anders. Einige Menschen priorisieren berufsbezogene Lektüre, während andere sich wiederum für Politik oder andere aktuelle Ereignisse entscheiden. Wieder andere nutzen das Lesen als Möglichkeit, um eine Zeitlang an nichts anderes zu denken. Lesen ist für diese Personen eine Art glückselige Ablenkung, wenn Sie so wollen.

Was auch immer Ihr Ziel ist, dieses Buch wird Sie in ein Geheimnis einweihen. Sie können alle diese Ziele mit Hilfe des Speed Readings erreichen. Vielleicht sagen Sie, dass Sie bereits schnell lesen, aber lassen Sie mich Ihnen ein paar Fragen stellen: Wie oft ertappen Sie sich dabei, dass Sie etwas lesen und einen Absatz zurückgehen, weil Sie offenbar jedes Wort, das Sie gerade erst gelesen haben, schon wieder vergessen haben? Vielleicht bleiben Sie an einem Wort oder einer Phrase hängen, weil Sie nicht genau wissen, was es bedeutet? Manchmal lesen Sie vielleicht sogar bis zum Ende einer Seite oder eines Kapitels und wissen nicht mehr genau, worum es eigentlich ging. Speed Reading bietet eine Lösung für jedes dieser Probleme und vieles mehr. Indem ich Ihnen spezifische Hinweise gebe, um jedes dieser Probleme anzugehen, sollte es auf Ihrem Weg zum Speed-Reading-Erfolg ab sofort keine Hindernisse mehr geben.

BEWÄHRTE SPEED READING TECHNIKEN

Ich hatte lange Zeit Probleme, was das Thema Lesen anging. Durch meinen stressigen Arbeitsalltag wuchs der Stapel der Bücher, die ich lesen wollte, immer weiter an, und ich schaffte es nie, alle zu lesen. Ich hätte fast aufgegeben, weil mir die Zeit, die ich hatte, nicht reichte, um das zu lesen, was ich lesen wollte. Als Produktivitäts-Coach konnte ich jedoch nicht aufgeben und bei meiner Suche nach neuen Lösungen zur Steigerung meiner Effizienz stieß ich auf Speed Reading. Nachdem ich diese einfachen und effektiven Techniken gefunden hatte, probierte ich sie aus, bevor ich sie für mein eigenes Leseverhalten übernahm. Meine Produktivität schoss in die Höhe und das Speed Reading veränderte mein Leben. Außer unter besonderen Umständen lese ich inzwischen immer schnell, und die Menge an Büchern, die ich vorher geschafft habe, verblasst im Vergleich zu der Menge, die ich jetzt schaffe.

Das Schreiben dieses Buches hätte ohne die Hilfe von Speed Reading weitaus mehr Zeit in Anspruch genommen. Die vielen Stunden, die ich in der Bibliothek verbrachte, im Internet surfte oder mir den Kopf zerbrach, um weitere Ideen und Aspekte in mein Buch einzubauen, hätten ohne die Fähigkeit, 1.500 Wörtern pro Minute zu lesen, wesentlich länger gedauert. Ganze Bücher über das Thema Speed Reading wurden mir plötzlich auf diese Weise zugänglich. Da es so viele Informationen zum Thema Speed Reading gibt und jede Quelle umfangreiche und gut dokumentierte Gründe, Praktiken, Techniken und eigene Tipps und Tricks umfasst, hätte es Monate dauern können, dieses Buch zu schreiben. Doch ich bin stolz darauf, sagen zu können, dass es nur ein paar Wochen gedauert hat. Es waren arbeitsreiche Wochen, verstehen Sie mich nicht falsch, aber ohne die Hilfe des Speed-Reading-Konzepts hätte der gesamte Schreibprozess wesentlich länger gedauert.

„Was nun?", werden Sie vielleicht fragen und nach einem konkreteren oder verständlicheren Nutzen suchen, als einfach nur schneller lesen zu können. Schnelles Lesen bietet jedoch zahlreiche weitere Vorteile, die über den bloßen Konsum von Wörtern hinausgehen. Schnelleres Lesen hilft Ihnen dabei, schneller zu lernen, wodurch die zeitliche Dauer für das Erlernen neuer Fähigkeiten wesentlich geringer ist als zuvor.

Speed Reading beschleunigt nicht nur Ihre Informationsaufnahme, sondern kann auch Ihrer Karriere einen Schub verleihen. Je mehr Sie lesen, desto mehr wissen Sie, und desto mehr können Sie dieses Wissen mit anderen Menschen teilen, was Sie in jedem Umfeld, sei es auf der Arbeit, bei Freunden, auf Partys oder sonst wo, weiterbringt.

Darüber hinaus können Sie durch Speed Reading ungenutzte Stunden am Ende Ihres Arbeitstages produktiv nutzen. Wenn Sie diese Bonuszeit ausschöpfen, können Sie einen Online-Kurs für einen weiteren Abschluss oder eine Zertifizierung belegen, der Ihre Berufsaussichten verbessern und Ihr Gehalt steigern könnte. Ihr Selbstvertrauen wird durch das Erlernen einer neuen Fähigkeit wachsen, da Sie dadurch Ihr Grundwissen erweitern. Sie werden sich auch viel mehr merken können, was seltsam erscheinen mag, wenn man bedenkt, wie schnell Sie die Informationen lesen werden. Aber da Sie so viel mehr Informationen aufnehmen müssen, wird sich Ihr Gedächtnis natürlich weiterentwickeln, vor allem, wenn sich Ihre Lesekompetenzen weiter verbessern.

Glauben Sie nicht nur an mein Wort. Experten untermauern diese Behauptungen. Kein Buch kann die persönliche Erfahrung ersetzen, doch das Konzept „Speed Reading" zog natürlich auch Forscher in seinen Bann, die einen Großteil ihres Lebens mit Lesen verbringen.

Einige Experten diskutieren darüber, ob das schnelle Lesen die Lesegenauigkeit beeinträchtigt und damit lediglich einen Kompromiss darstellt. Wissenschaftliche Studien, wie die der University of Michigan Library, kamen jedoch zu dem Schluss, dass sich die Merkfähigkeit durch die Fähigkeit, schneller zu lesen, verbessert. Ein Artikel aus dem Jahr 2016 in der akademischen Zeitschrift *Psychological Science in the Public Interest* analysierte die

Effektivität des Speed Readings und kam zu dem Schluss, dass es sich bei Speed Reading nicht um ein Wundermittel handelt. Allerdings räumte So *Much to Read, So Little Time* ein, dass es eine wesentliche Verbesserung der Gesamtgeschwindigkeit und Effektivität durch Speed Reading gibt, allerdings mit dem Nachteil eines geringeren Leseverständnisses.

Zum Glück gibt es in diesem Buch Strategien, mit denen Sie diese kleinen Nachteile in den Griff bekommen können, sodass sie praktisch keine Rolle mehr spielen. Sie werden in diesem Buch ebenfalls von Strategien anderer Experten wie Scott Young, Jim Kwik und Evelyn Wood hören, deren Methoden wir uns ebenfalls ansehen werden. Und wenn Ihnen das noch nicht genug ist, dann finden Sie im Internet noch viele weitere Informationen zum Thema Speed Reading. Ron Cole, Jordan Harry, Jim Kwik und Tim Ferriss haben eigene Methoden entwickelt, die die Vorzüge des Schnelllesens belegen. Mit Hilfe meiner eigenen Erfahrungen und der Unterstützung von wissenschaftlich belegten Forschungsarbeiten wird Ihnen dieses Buch als Fibel dienen, wenn Sie noch Anfänger auf dem Gebiet des Speed Readings sind.

Doch wie genau werden Ihnen diese Tipps und Tricks helfen? Als Referenz sollten Sie Folgendes wissen: Ein durchschnittlicher Mensch liest etwa 200-300 Wörter pro Minute. Erscheint Ihnen das als ein guter Wert? Bevor Sie sich Ihre Meinung dazu bilden, was wäre, wenn ich Ihnen sage, dass Sie 1.500 Wörter pro Minute oder mehr lesen können? Die meisten Speed-Reading-Experten legen die Obergrenze der Lesegeschwindigkeit auf 500-600 Wörter pro Minute fest und bezeichnen diese Anzahl als das Maximum, das Sie realistisch lesen können, ohne ernsthafte Einbußen bei der Aufnahmefähigkeit hinnehmen zu müssen. Weltmeister im Schnelllesen wie Anne Jones können jedoch routinemäßig mehr als 3.000 Wörter pro Minute lesen. Jones stellte den Rekord mit 4.700 Wörtern pro Minute mit einer Erinnerungsrate von 67 Prozent auf. Ich kann Sie nicht zu einem Weltrekordhalter im Schnelllesen wie Anne Jones machen, doch Sie werden näher an diese Rate herankommen als an die von Experten genannte Rate. Ich kann Ihnen versprechen, dass Sie mit den in diesem Buch enthaltenen Informationen und Übungen 1.500 Wörter pro Minute als Durchschnittswert erreichen können. Mit reichlich Zeit und Übung werden Sie diesen Wert vielleicht sogar übertreffen. Und wer weiß, vielleicht werden Sie sogar der nächste Weltmeister im Schnelllesen. Seien Sie jedoch realistisch und erwarten Sie nicht, dass dies der Fall sein wird.

Sie werden in den nächsten zehn Kapiteln die folgenden Dinge lernen.

In **Kapitel eins** werde ich die Vorteile von Speed Reading ausführlich erläutern. Diese sind zahlreich und umfassend und reichen von der Steigerung Ihrer Leseleistung bis hin zur Erweiterung Ihres Gedächtnisses und Ihrer Auffassungsgabe. Dieses Kapitel legt den Grundstein für Ihre Erwartungen hinsichtlich dessen, was Sie von diesem Buch erwarten können. Wenn Ihnen nicht gefällt, was Sie hier lesen, können Sie das Buch weglegen, aber ich bezweifle, dass das der Fall sein wird.

Kapitel zwei befasst sich mit drei Missverständnissen über Speed Reading. Ich bin mir nicht ganz sicher, wie diese entstanden sind, doch sie scheinen in der Populärkultur eine beträchtliche Anhängerschaft gefunden zu haben. Schnelles Lesen scheint eine Superkraft zu sein, besonders für bestimmte Personen, die behaupten, 10.000 Wörter pro Minute lesen zu können. Das ist lächerlich. Der zweite Mythos betrifft die Subvokalisation, welche man loswerden sollte, um schnell lesen zu können. Auch das stimmt nicht. Außerdem wird behauptet, dass man durch automatisches Lesen schneller lesen kann. Auch das ist nicht wahr. Dieses Kapitel wird mit diesen Mythen aufräumen.

Kapitel drei fordert Sie dazu auf, sich auf das Niveau einzulassen, auf dem Sie gerade lesen. Indem Sie analysieren, wo Sie jetzt stehen, können Sie die Dinge herausfinden, an denen Sie mit

Hilfe dieses Buches arbeiten wollen. Indem Sie sich bewusst machen, wie Sie lesen und welche Art von Leser Sie sind, können Sie sich selbst zu einem besseren Leser weiterentwickeln.

Kapitel vier führt Sie in ein grundlegendes Prinzip des Schnelllesens ein, nämlich die Berechnung Ihrer Geschwindigkeit. Indem Sie die Formel befolgen, können Sie einen quantitativen Grundwert für Ihre Lesegeschwindigkeit festlegen. Merken Sie sich diese Technik für den weiteren Verlauf. Sie wird sich als nützlich erweisen, um Ihre Lesegeschwindigkeit und deren Entwicklung zu messen.

Kapitel fünf führt Sie direkt in die Verbesserung Ihrer Lesegeschwindigkeit ein, indem es Ihnen die Tipps und Tricks an die Hand gibt, die Sie für den Anfang brauchen. Dazu gehört in erster Linie das Setzen von Zielen, um Ihre Erwartungen zu definieren und sicherzustellen, dass Sie die richtige Balance zwischen Ehrgeiz und Wirklichkeit finden. Dazu gehört auch das Skimming, die bekannteste Speed-Reading-Technik. Diese und weitere Techniken, wie das Stoppen der Subvokalisation, das Lesen von Wortgruppen, Meta-Guiding, Rapid Serial Visual Presentation, werden die Grundlage für Ihre Speed-Reading-Fähigkeit bilden.

Kapitel sechs wird Ihre Befürchtungen zerstreuen, dass Sie Ihr Leseverständnis für die Geschwindigkeit opfern könnten. Dies ist ein Argument, dass die Gegner des schnellen Lesens oftmals anführen. Das Leseverständnis geht jedoch über das bloße Aufnehmen und Verstehen der Wörter hinaus. Es erstreckt sich auf die Visualisierung, die Erweiterung Ihres Wortschatzes und andere aktive Lesestrategien. Schnelles Lesen kann zwar zu kleinen Einbußen bei der Merkfähigkeit führen, doch die Übungen in diesem Kapitel werden Ihnen dabei helfen, diese Verluste erheblich zu verringern. Schnelles Lesen beeinträchtigt also nicht unbedingt Ihr Leseverständnis.

In **Kapitel sieben** werden Sie feststellen, dass die Grundlage dafür, besser im Lesen zu werden, darin besteht, mehr zu lesen.

Auf diese Weise werden Sie immer besser mit den Dingen vertraut, die Sie lesen, und entwickeln Routinen und Gewohnheiten, die Ihnen beim weiteren Lesen helfen werden. Der entscheidende erste Schritt, um ein Meister des schnellen Lesens zu werden, ist die Etablierung einer starken Ausgangsbasis.

Kapitel acht beschäftigt sich mit dem Problem, den Überblick über Ihren Lesevorgang zu behalten, und gibt Ihnen eine Struktur an die Hand, um Ihre Gewohnheiten zu dokumentieren. In Kapitel acht erhalten Sie bewährte Methoden. Allerdings muss ich einräumen, dass sich die Zeiten geändert haben und dass heutzutage neue Methoden existieren, die Ihnen genauso helfen können wie die alten. Es ist viel weniger wichtig, wie Sie Ihren Lesevorgang im Blick behalten, als die Tatsache, dass Sie es tun. Dies vermittelt Ihnen ein gutes Gespür in Bezug auf Ihren Fortschritt, und zwar unabhängig von der Geschwindigkeit, mit der er eintritt, und hilft Ihnen so dabei, Ihre Leseziele zu erreichen. Doch was ist die beste Methode, um den Überblick zu behalten? Messen Sie die Geschwindigkeit, mit der Sie lesen, indem Sie die Formel in Kapitel vier immer wieder anwenden. So erhalten Sie nachprüfbare Werte, die Sie nach Belieben analysieren können.

In **Kapitel neun** tauchen wir tiefer in eine der beliebtesten und erfolgreichsten Speed-Reading-Techniken ein. Skimming und Scanning klingen aufgrund ihrer Konnotationen wie billige Tricks, doch in Wirklichkeit helfen sie Ihnen dabei, die wichtigsten Teile der Lektüre zu identifizieren und zu erfassen. Ich werde in dieser Einleitung nicht zu viel darüber verraten, aber diese Methoden erfordern einen viel aktiveren und engagierteren Lesestil, als Sie vielleicht bisher dachten.

In **Kapitel zehn** erfahren Sie schließlich alles über die fortschrittlichsten Lesetechniken, direkt von Experten wie mir selbst. Auf den ersten Blick scheinen diese identisch mit den Methoden aus Kapitel fünf zu sein, aber es wäre angemessener, sie als Erweiterungen der Methoden in Kapitel fünf zu bezeichnen. In diesem

Kapitel geht es um eine der ersten Speed-Reading-Experten, Evelyn Wood, von der Sie etwas über eines der seltsamsten Dinge erfahren können, die in den 1960er Jahren auf einem College-Campus passiert sind.

Denken Sie an die klügsten Menschen, die Sie kennen, sei es aus der Popkultur oder aus Ihrem Arbeits- oder Familienleben. Beneiden Sie sie um die schiere Menge der Dinge, die sie wissen? Wünschen Sie sich, dass Sie die Dinge tun und sagen könnten, die sie tun? Wollen Sie mit Ihrem neu erworbenen Wissen angeben, um sich zu revanchieren und vielleicht endlich den Sieg bei Ihrem wöchentlichen Quiz zu erringen? Speed Reading kann Ihnen hierbei als Geheimwaffe dienen. Wenn Sie dieses Buch weiterlesen, können Sie sich dadurch eine Menge Wissen aneignen und sich einen Vorsprung verschaffen, in welcher Form auch immer. Alles, was Sie dazu benötigen, sind kleine Änderungen an Ihren derzeitigen Lesepraktiken und -gewohnheiten, die ich in diesem Buch beschreibe. Mit Hilfe dieser Methoden werden Sie in die Lage versetzt, Ihren täglichen Informationskonsum exponentiell zu verbessern.

Wie auch immer Sie es messen wollen, ob in Form von gewonnenen Wörtern pro Minute, verbessertem Leseverständnis oder Zeitersparnis: Speed-Reading-Techniken machen Sie zu einem besseren Leser. Sie werden all diese Vorteile am eigenen Leib erfahren und Ihre Lesezeit von einer lästigen Pflicht in eine Sache verwandeln, die Sie aufgrund des Gefühls, das Sie dabei haben, oder aufgrund der Fähigkeiten oder des Wissens, das Sie dabei erwerben, gerne tun. Mit dem Kauf dieses Buches haben Sie den ersten Schritt getan, um ein großes Potenzial zu nutzen.

KAPITEL EINS:

Inwiefern wird Speed Reading Ihnen helfen?

Lassen Sie uns mit einem Gedankenexperiment beginnen. Denken Sie an den gesamten Lesestoff, den Sie an einem bestimmten Tag zu erledigen haben. Zählen Sie alle E-Mails, Texte, Social-Media-Beiträge, Nachrichtenartikel, Briefings oder jede andere Lektüre, die Sie an diesem Tag erledigen. Wie viel Zeit würden Sie sparen, wenn Sie das in einem Drittel der Zeit erledigen könnten, die Sie jetzt dafür benötigen? Oder wenn Sie noch ehrgeiziger wären: Was wäre, wenn Sie dafür nur ein Fünftel der Zeit bräuchten, die Sie jetzt brauchen? Dies scheint fast zu schön, um wahr zu sein, oder nicht? Vielleicht nicht gerade eine Superkraft aus einem Marvel- oder DC-Comicheft, aber sicherlich etwas Erstrebenswertes. Diese Fähigkeit würde den Verlauf des Lebens zahlreicher Menschen verändern.

Schnelles Lesen sowie das Verstehen von Büchern, Artikeln und anderen Materialien unter gleichzeitiger Beibehaltung der Qualität würden es uns ermöglichen, unsere Sichtweisen zu erweitern und unser Wissen zu vertiefen. Wenn Sie dann über neue Fähigkeiten und Kenntnisse verfügen, wären Sie in Ihrem Privatleben, in welcher Form auch immer, erfolgreicher. Sie würden schneller Karriere machen, denn auf Ihre erhöhte Produktivität bei der Arbeit würden Beförderungen oder Gehaltserhöhungen folgen. Unternehmen würden schneller und effektiver arbeiten. Sie wären vielleicht sogar in der Lage, einen nachhaltigeren ersten Eindruck zu hinterlassen, nachdem Sie gezeigt haben, wie gut Sie Bescheid wissen. Dieses Buch wird Ihnen auf diese Weise und darüber hinaus helfen.

Es ist keine Überraschung, dass Sie durch dieses Buch zum Schnellleser werden. Mit den Tipps und Tricks in diesem Buch werden Sie mehr in weniger Zeit lesen. Diese Verbesserung könnte sich in einer Verdopplung oder Verdreifachung Ihrer aktuellen Lesegeschwindigkeit manifestieren. Sie werden lernen, Informationen von geringerer Bedeutung zu überfliegen und nur auf die entscheidenden Informationen zu achten.

Wir werden später noch genauer darauf eingehen, doch es besteht ein Missverständnis in Bezug auf die Skimming-Methode. Manche betrachten diese Methode als eine Art schnelles Überfliegen aller Informationen auf einer Seite, ohne sich vollständig mit ihnen zu beschäftigen. Doch weit gefehlt: Beim Skimming geht es zwar darum, viele Informationen schnell zu lesen, doch es gehört noch viel mehr dazu. Das Überfliegen beruht auf einer gründlichen Vorschau dessen, was Sie lesen möchten, indem Sie sich Schlüsselwörter, Phrasen und Ideen herauspicken, auf die Sie beim Lesen achten. Ihre Augen nehmen diese wertvollen Punkte auf und erlauben es Ihnen, alles zu überspringen, das Sie nicht für wichtig genug halten, wie z. B. Beispiele. Auf diese Weise wird Ihr Gehirn in die Lage versetzt, dieselben wichtigen Informationen in kürzerer Zeit aufzunehmen.

Viele Menschen betrachten Speed Reading als eine Art Trick, als eine Methode, die ihr Leben so sehr verbessert, dass es wie Betrug erscheint. Nur wenige Menschen erkennen jedoch, dass Speed Reading Ihnen noch in anderer Weise helfen kann, als nur schnell zu lesen. Die Lifestyle-Website *Life Hack* veröffentlichte einen Artikel mit dem Titel „10 Gründe, warum Sie Speed Reading lernen sollten" und nannte darin einige umfassende Beispiele. Von Eigenverantwortung bis hin zu verbesserten Problemlösungsfähigkeiten bietet der Artikel eine Menge Gründe, warum Sie diese Fähigkeit erlernen sollten. Laut diesem Artikel hilft Speed Reading Ihnen dabei, sich besser zu fühlen, wo auch immer Sie sind, da Sie über mehr Themen informiert sind und daher intelligenter wirken, wenn Sie sprechen. Besonders auf Partys haben Sie dadurch mehr Gesprächsstoff sowie intelligentere Meinungen, da diese mehr auf Fakten und weniger auf Spekulationen beruhen. Die Speed-Reading-Methode kann Sie auch tatsächlich schlauer machen, da Sie Ihre neu entdeckte Fähigkeit, größere Mengen an Informationen zu konsumieren, in Zertifizierungen oder Abschlüsse umsetzen können. Sind Sie der Ansicht, dass Sie keine Zeit für das Masterstudium oder die Weiterbildung haben, sodass Sie die Teilnahme immer wieder aufschieben? Speed Reading könnte den Unterschied ausmachen und Ihnen dadurch mehr Geld einbringen.

Schnelles Lesen verbessert das Selbstvertrauen

Abgesehen davon, dass Sie sich wohler fühlen und über eine bessere Bildung verfügen, kann Speed Reading Sie selbstbewusster machen, besonders am Arbeitsplatz. Wenn Sie Ihre Zeit und Ihre neu gewonnenen Lesefähigkeiten dafür einsetzen, all die Dinge, die mit Ihrem Job zu tun haben, aufzufrischen, werden Sie darin besser werden. Und die Sicherheit, die Sie auf Partys ausstrahlen, wird auch bei Gesprächen mit Ihrem Chef eine Rolle spielen. In dieser Situation und überall dort, wo Sie auf argumentativen Widerstand stoßen, werden Sie ruhig und leicht mit Fakten und Tatsachen antworten, an die Sie sich dank der Speed-Reading-Methode erinnern.

Schnelles Lesen verbessert das Erinnerungsvermögen

Apropos, Sie werden sich viel mehr merken können, nachdem Sie gelernt haben, schneller zu lesen. Das ergibt Sinn, da Ihre Lesefähigkeit und Ihr Verständnis davon abhängen, wie gut Sie sich den Lesestoff merken können. Es gibt zwar definitiv eine erforderliche Menge an Gedächtniskapazität, die Sie brauchen, um überhaupt lesen zu können, aber mehr zu lesen, vor allem schneller, trägt dazu dabei, Ihr Gehirn zu trainieren. Durch das Lesen werden in Ihrem Gehirn mehr Verbindungen zwischen Informationen und Gedächtnis hergestellt, sodass es Ihnen leichter fallen wird, sich schnell nützliche Fakten oder Wissen zu merken. Wie schön wäre es, sich rechtzeitig an die Dinge zu erinnern, die Sie erledigen müssen, ohne urplötzlich panisch zu werden, was oftmals mit einem schlechten Gedächtnis einhergeht? Doch das ist noch nicht alles: Ein besseres Gedächtnis kann Sie auch kreativer machen.

Schnelles Lesen beschleunigt den Lernprozess

Der offensichtlichste Vorteil von Speed Reading ist natürlich, dass Sie dadurch schneller lernen können. Wenn Sie weniger Zeit pro Lesevorgang benötigen, dann bedeutet das, dass Sie mehr lesen können. Mehr lesen bedeutet auch mehr lernen. Dazu gehört auch, dass Sie klüger werden. Sie sind schlauer, fühlen sich wohler und selbstbewusster, sind gebildeter und können sich an mehr Dinge erinnern, was Ihrem Gehirn enorm dabei hilft, neue Synapsen bzw. Verbindungen zwischen Gehirnzellen zu schaffen. Je mehr neuronale Bahnen Ihr Gehirn nutzen kann und je stärker diese sind, desto besser werden Ihre Denkleistungen.

Schnelles Lesen schärft den Fokus und reduziert Stress

In diesem Zusammenhang können Denkvorgänge, insbesondere in Kombination mit der Art von Konzentration, die das Speed Reading erfordert, meditative Qualitäten hervorrufen. Denken Sie daran, wenn Sie ganz bei der Sache sind, egal bei welcher Tätigkeit, sei es Sport, Arbeit, Kunst oder eine beliebige andere Aktivität. Damit meine ich dieses besondere Gefühl, wenn all die Dinge um Sie herum keine Rolle mehr spielen und Sie Ihre gesamte Aufmerksamkeit auf eine Aufgabe richten können. Speed Reading tendiert dazu, dieses Gefühl in Ihnen zu erzeugen. Die Speed-Reading-Methode hilft Ihnen nicht nur dabei, sich zu konzentrieren, sondern besitzt auch stark stressabbauende Eigenschaften. Dies führt zu einer allgemeinen Verbesserung Ihres emotionalen Wohlbefindens. Aufgrund der entspannenden Natur des Lesens reduziert die

Speed-Reading-Methode Stress und lenkt Sie von Sorgen und anderen aufdringlichen Gedanken ab, die Ihrer Gesundheit weder zuträglich noch förderlich sind. Sie nehmen das Lesematerial förmlich in sich auf, wenn Sie schneller lesen, und dieser Prozess fördert die Konzentration auf die Informationen, die Sie lesen, mehr als alles andere. Während dieses Akts der aktiven Meditation erreichen Sie den gleichen meditativen Zustand wie ein buddhistischer Mönch.

Schnelles Lesen eröffnet Karrierechancen

Natürlich können Sie sich durch eine Abnahme Ihres Stresslevels auf wichtigere Dinge konzentrieren, z. B. auf Ihre Karriere. Glauben Sie, dass Bill Gates oder seinesgleichen sich durch Stress davon abhalten ließen, einige der größten Innovatoren der Welt zu werden? Die Fähigkeit, Stress zu begrenzen, sei es durch die eingesparte Zeit durch Speed Reading oder durch eine andere Strategie, stellt einen erheblichen Gewinn an Lebensqualität dar. Die Klarheit des Geistes, die sich daraus ergibt, verbessert zum Beispiel Ihre Problemlösungsfähigkeiten. Die besten Ideen, die wir haben, sind gemäß dieser Logik oftmals Instinkte und Speed Reading hilft Ihnen dabei, diese Instinkte zu entwickeln.

Schnelles Lesen verbessert Ihre Logik- und Problemlösungsfähigkeiten

Ein wichtiger Bestandteil der Problemlösung ist natürlich die Logik. Ihre Fähigkeit, logisch zu denken, verbessert sich ebenfalls durch Speed Reading. Denken Sie kurz über die Ziele von Speed Reading nach: Sie müssen große Mengen an Informationen schnell verstehen. Dazu müssen Sie Informationen logisch in zwei Bereiche sortieren, nämlich wichtig und unwichtig. Wenn Sie dies so schnell tun, wie es das Speed Reading erfordert, wird sich Ihre Fähigkeit zum logischen Denken und Verarbeiten von Informationen zweifellos verbessern.

Einige Missverständnisse über Speed Reading

Sie werden feststellen, dass Sie sich auf die Dinge, die Sie lesen, sehr stark fokussieren. Die meisten Menschen sind dazu in der Lage, 200 Wörter pro Minute zu lesen, wobei einige eine höhere Anzahl von etwa 300 Wörtern pro Minute erreichen. Viele Menschen glauben fälschlicherweise, dass sie langsamer lesen und jedes Wort verarbeiten müssen, um sich besser auf das Gelesene konzentrieren zu können. Dies ist aus zwei Gründen falsch.

Erstens sind traditionelle Lesestile und die Methoden, mit denen sie gelehrt werden, nicht effizient.

Zweitens: Menschen lesen langsam, weil sie sich nicht konzentrieren können. Denken Sie über diese Aussage nach. Wie viele Ablenkungen gibt es, wenn Sie sich hinsetzen, um ein Buch zu lesen? Die auffälligste Ablenkung befindet sich wahrscheinlich in Ihrer Tasche, während Sie diese Zeilen lesen. Wenn Ihr Mobiltelefon summt, ist es fast so, als würde die Welt um Sie herum für einen Moment stillstehen, nicht wahr? Es könnte alles Mögliche sein: eine SMS, eine Facebook-Benachrichtigung, ein „Like" für Ihre Instagram-Fotos, Updates für Ihren Twitter-Feed, eine E-Mail von Ihrem Chef oder einfach nur ein lustiges Meme. Was auch immer es ist, unser stark vernetztes Leben schränkt unsere Fähigkeit zur Ruhe ein. Sie haben kaum einen Moment, in dem Sie ungestört sein können. Die erforderliche Konzentration beim Speed Reading macht diesen Punkt jedoch irrelevant. Sie haben keine Zeit, um sich ablenken zu lassen.

Und schon sind wir wieder bei einem der Hauptvorteile des Speed Readings angelangt. Wenn unsere Konzentrationsfähigkeit verbessert wird, verbessern sich auch unser Textverständnis, unser Erinnerungsvermögen sowie unsere Fähigkeit, Informationen zu behalten. Das Gehirn ist wie ein Muskel. Wenn wir unser Gehirn auf diese Weise trainieren, wird es stärker und leistet mehr. Speed Reading fordert unser Gehirn heraus, eine höhere Leistung zu erbringen. Wenn Sie Ihr Gehirn so trainieren, dass es Informationen schneller aufnehmen kann, werden sich auch andere Bereiche Ihres Gehirns verbessern.

Was sagen die Kritiker dazu?

Eine schnelle Google-Suche liefert alle möglichen Artikel und Erfahrungsberichte, welche besagen, dass die Speed-Reading-Methode nicht das ist, was sie zu sein vorgibt. Kritiker dieser Methode argumentieren, dass das Lesen mit solch hohen Geschwindigkeiten das Textverständnis reduziere. Einige Kritiker behaupten, dass das menschliche Auge und Gehirn nicht dazu in der Lage seien, Wörter und Sätze schnell genug zu verarbeiten, um mehr als 600 Wörter pro Minute zu erreichen. Und in der Tat: Gut begründete und bestens finanzierten Studien zeigen, dass Ihr Gehirn nicht schnell genug arbeitet, um mit herkömmlichen Lesemethoden diese Geschwindigkeit zu übertreffen.

Wie kann das sein?

Ist dieses Buch also reine Zeitverschwendung? Nein. Die in diesem Buch enthaltenen Techniken werden Ihnen beweisen, dass herkömmliche Lesemethoden für Lesegeschwindigkeiten von 1.500 Wörtern pro Minute nicht ausreichen. Es gibt viele Studien, die in ihrer Aussagekraft und Vollständigkeit den gegenteiligen Studien ähneln, aber die Legitimität des Lesens mit hohen Geschwindigkeiten bestätigen. Diese Überzeugung geht auf das Jahr 1950 zurück, als die Universität von Nebraska eine Studie mit 150 Wirtschaftsstudenten zum Thema Schnelllesen durchführte. Don Clifton, der Vorsitzende der Fakultät für Psychologie, teilte die Studenten in zwei Gruppen ein, von denen die eine als begabt bezeichnet wurde und eine durchschnittliche Lesegeschwindigkeit von 350 Wörtern pro Minute erreichte. Die andere sogenannte Normal-Gruppe kam auf 90 Wörter pro Minute. Beide Gruppen erhielten den gleichen Schnelllesekurs, was zu unterschiedlichen Reaktionen der Fakultät führte, die befürchtete, dass dies den begabten Studenten schaden würde. Die Normal-Gruppe zeigte eine signifikante Verbesserung und steigerte sich auf 150 Wörter pro Minute. Diese 66-prozentige Steigerung verblasst jedoch im Vergleich zur Gruppe der Begabten, deren Leseleistung auf 2.900 Wörter pro Minute anstieg, was einer Steigerung von 828 Prozent entspricht.

Sie werden die extrem hohe Lesegeschwindigkeit sowie die hohe prozentuale Steigerung bemerken und feststellen, dass dieses Buch eine geringere Leseleistung verspricht. Vielleicht werden Sie diese Studie als Beweis anzweifeln. Das ist in Ordnung, denn es gibt noch viele weitere wissenschaftliche Untersuchungen. Nehmen Sie zum Beispiel die Studie der University of Utah, die von Leann Larsen durchgeführt wurde und den Titel *Does Speed Reading Improve College Student's Retention Level and Comprehension?* trägt. Basierend auf ihrer Analyse von drei Artikeln, die später in diesem Buch besprochen werden, stellte Larsen die Hypothese auf, dass Studenten, die die Speed-Reading-Technik erlernen, mehr Lesestoff verstehen und die Informationen besser behalten als Studenten, die die Methode nicht anwenden. John Macalister von der Victoria University of Wellington in Neuseeland kam zu dem Schluss, dass Speed Reading tatsächlich die Lesegeschwindigkeit von Studenten erhöht, selbst wenn der Text für sie neu bzw. authentisch ist. *Speed reading courses and their effect on reading authentic texts: A preliminary investigation* konzentrierte sich weniger auf das Behalten von Informationen, räumte aber dennoch ein, dass das Merken von Informationen ein kritischer Bestandteil der Studie war und auch bei hohen Lesegeschwindigkeiten erreicht wurde.

Speed Reading führt dazu, dass das Lesen insgesamt mehr Spaß macht

Selbstverständlich tun wir gerne Dinge, die wir gut können, und mit verbesserten Lesefähigkeiten wird das Lesen von einer Sache, der wir uns verpflichtet fühlen, zu einer Aktivität, die wir gerne tun. Und wenn wir Dinge gerne tun, investieren wir mehr Mühe und Energie darauf, besser in diesen Aktivitäten zu werden, ganz egal, ob wir es merken oder nicht. Dieses Buch wird Sie mit fortgeschrittenen Lerntechniken vertraut machen. Wollen Sie eine neue Sprache lernen? Speed Reading hilft Ihnen dabei, die grammatikalischen und vokabularen Nuancen der Sprache Ihrer Wahl zu entdecken und zu beherrschen. Möchten Sie eine neue, karrierebezogene Fähigkeit in Ihre berufliche Tätigkeit einfließen lassen? Auf ähnliche Weise macht Speed Reading Auffrischungs- oder Erweiterungskurse viel leichter zugänglich, sodass Sie sogar Ihren Wert für einen Arbeitgeber steigern können.

Schnelles Lesen beseitigt schlechte Angewohnheiten

Denken Sie einmal darüber nach, wie viele schlechte Gewohnheiten Sie haben. Es erfordert eine bewusste und engagierte Anstrengung, sich diese schlechten Gewohnheiten abzutrainieren und sie zu ersetzen, und es erfordert noch mehr Übung und Disziplin, um die neuen Gewohnheiten beizubehalten, ohne dabei weitere schlechte Angewohnheiten zu entwickeln. Mit Hilfe der Speed-Reading-Methode können Sie Ihre schlechten Angewohnheiten identifizieren und ersetzen. Diese stammen aus Ihrer Grundschulzeit. Jeder von uns hatte einen Lehrer, den er nicht besonders mochte oder bei dem er im Nachhinein feststellte, dass dieser Lehrer in seinem Job versagt hat. Würden Sie sich wünschen, dass dieser Lehrer einen tiefgreifenden Einfluss auf Ihre Vergangenheit, Gegenwart und Zukunft hat? Ich kann mir nicht vorstellen, dass das irgendjemand möchte, besonders wenn dieser Lehrer nicht beliebt war.

Dieses Buch macht diese und viele andere Beispiele greifbar. Um den größten Nutzen aus diesen Tipps und Tricks zu ziehen, empfehle ich Ihnen, die folgenden Materialien zur Hand zu haben, wenn Sie die Übungen in diesem Buch durchführen: Bleistift oder Kugelschreiber, Textmarker, Papier, Taschenrechner, Uhr oder Stoppuhr und natürlich Ihr Buch oder Lesematerial.

Zudem macht Speed Reading Sie zu einem besseren Leser

Bevor Sie diese Aussage als offensichtlich abtun und weiterlesen, möchte ich Ihnen mehr dazu erklären. Natürlich werden Sie durch die Speed-Reading-Technik schneller lesen können. Aber darüber hinaus gibt Ihnen das Speed Reading Techniken an die Hand, mit denen Sie Ihr Leseverhalten noch effizienter gestalten können. Für die Zwecke dieses Buches möchte ich, dass Sie diese Techniken bei hohen Geschwindigkeiten anwenden, Sie können sie jedoch trotzdem bei jeder beliebigen Geschwindigkeit verwenden. Paul Nation schrieb einen Artikel über genau dieses Thema, wobei er den Schwerpunkt auf den Aspekt der Sprachgewandtheit legte. *Reading Faster* stellte gewissermaßen grundsätzlich fest, dass das Erkennen von Buchstaben zu einer schnelleren Verarbeitung von Wörtern und ebenso das Erkennen von Wörtern zu einer schnelleren Verarbeitung von Sätzen und Ideen führen. Anknüpfend an diesen Baustein analysierte er, wie einfache Sätze zu komplexen Sätzen werden. Dies steigert nicht nur das Sprech- und das Schreibvermögen, sondern auch das Lesevermögen. Nation erwähnte zwei Kerntechniken, mit denen sich dieses Buch in den kommenden Kapiteln befassen wird: Skimming und Scanning. Er definierte Skimming als schnelles Lesen eines Textes, das darauf abzielt, das inhaltliche Gesamtbild zu erfassen, allerdings auf Kosten einiger Details. Beim Scanning hingegen muss der Leser nach bestimmten Informationen in Form von Namen oder Zahlen suchen. Nation erkennt die Vorzüge beider Methoden an, räumt aber ein, dass das Überfliegen (Skimming) mehr Nutzen als das Scannen (Scanning) bietet, wenn es um das Erreichen der Sprachflüssigkeit geht. Zusammenfassend stellt Nation fest, dass die Skimming-Methode den nächsten Baustein in der Entwicklung der Sprachflüssigkeit darstellt und zu einer besseren Lesefähigkeit führt, zusammen mit den anderen Funktionen des Schreibens und Sprechens.

Zusammenfassung des Kapitels

- Sie können die Zeit, die Sie derzeit mit Lesen verbringen, erheblich reduzieren.
- Sie können diese eingesparte Zeit mit noch mehr Lesen füllen und so Ihre effektive Lesezeit am Tag vervielfachen.
- Speed Reading hat noch mehr Vorteile als den geringeren Zeitaufwand sowie die höhere Menge an gelesenen Wörtern. Auch neue berufliche Chancen sowie die Entwicklung neuer Kompetenzen und Fähigkeiten lassen sich mit Speed Reading erzielen.
- Speed Reading fordert ineffektive, traditionelle Lesestile heraus und widerlegt die These, dass langsameres Lesen zielgerichteter und effektiver sei.
- Speed Reading fördert die Konzentration, weil es eine intensive Anstrengung erfordert, um Informationen so schnell und genau wie möglich aufzunehmen und zu behalten.
- Speed Reading fordert Ihr Gehirn heraus und stärkt es. Wie bei Fitnessübungen werden durch Speed Reading auch andere Teile Ihres Gehirns unterstützt und gestärkt.
- Speed Reading wird Ihnen dabei helfen, mehr Spaß beim Lesen zu haben, und dafür sorgen, dass Sie besser darin werden.
- Speed Reading verleiht Ihnen die Möglichkeit, neue Fähigkeiten schneller zu erlernen.

Das nächste Kapitel entlarvt Mythen, die Sie vielleicht in der Vergangenheit zum Thema Speed Reading gehört haben. Mit Hilfe von Beweisen und gründlicher Recherche wird Kapitel zwei Ihre Vorbehalte und Missverständnisse zu diesem Thema zerstreuen.

KAPITEL ZWEI:

Drei Mythen, die Ihnen über Speed Reading beigebracht wurden

Es gibt zwar viele Missverständnisse über Speed Reading, doch manche davon sind eher als Mythen zu bezeichnen. In diesem Kapitel werde ich mit drei populären Mythen über Speed Reading aufräumen, um Sie davon zu überzeugen, dass Speed Reading real und effektiv ist und Ihnen enorme Vorteile bringen kann. Diese Mythen übertreiben in Bezug auf das, was Speed Reading ist, wie diese Methode aussieht und was sie für Sie tut. Lassen Sie uns nun ohne weiteres die drei größten Mythen zum Thema Schnelllesen entlarven.

Mythos Nr. 1: Sie können mehr als 10.000 Wörter pro Minute lesen

Lassen Sie uns diese Aussage in eine mathematische Perspektive setzen: 10.000 Wörter mit Times New Roman bei einer Schriftgröße von 12 pt, mit einfachem Abstand sind 20 Seiten, und mit doppeltem Abstand sind es 40 Seiten. Auf jeder Seite befinden sich also 500 Wörter bzw. 250 Wörter. Außerdem entsprechen 10.000 Wörter pro Minute 166 ⅔ Wörtern pro Sekunde, sodass die Geschwindigkeit etwas weniger als eine Seite oder eine halbe Seite pro Sekunde beträgt. Wissenschaftliche Studien zeigen, dass das Gehirn typischerweise Bilder, nicht Wörter, in etwa 100 Millisekunden verarbeitet. In einer Studie des Massachusetts Institute of Technology aus dem Jahr 2014 fanden Neurowissenschaftler heraus, dass das Auge nur 13 Millisekunden benötigt, um Konzepte zu verarbeiten, die in Bildern dargestellt werden. Bei Anwendung dieser beiden Berechnungen ergibt das 16 ⅔ Wörter pro 100 Millisekunden und 2 ⅙ Wörter pro 13 Millisekunden. Diese Geschwindigkeiten sind im wahrsten Sinne des Wortes blitzschnell und offen gesagt unerreichbar, besonders wenn man bedenkt, wie schwierig es ist, Wörter aus einem Satz, einem Absatz oder einer Seite herauszupicken.

Stellen Sie sich das einmal so vor. Dieses Buch besteht aus etwa 30.000 Wörtern. Glauben Sie, Sie könnten realistischerweise ein Drittel dieses Buches in einer Minute lesen? Das ist absurd. Darum geht es beim Speed Reading nicht.

Diese Prozesse erfordern, anders als die in der MIT-Studie gezeigte Verarbeitung von Bildern, die Bewegung und Neufokussierung des Auges, was die Zeit, die zum Lesen und Verstehen der Informationen benötigt wird, erheblich verlängert. Die Behauptung, dass das menschliche Gehirn 10.000 Wörter pro Minute lesen könne, sorgt für großartige Effekte in Filmen oder im Fernsehen. Superhelden wie Superman, The Flash und Quicksilver könnten dies schaffen. Doch es gibt einen Grund dafür, dass diese Lesegeschwindigkeit zum größten Teil Fiktion ist. Nur Übermenschen verfügen über diese Fähigkeit. 10.000 Wörter pro Minute sind einfach unmöglich, oder wie Calvin von *Calvin und Hobbes* sagt: „Lesen ist einfach, wenn man sich nicht um das Verstehen sorgt."

Mythos Nr. 2: Subvokalisation behindert die Lesegeschwindigkeit

Für diejenigen unter Ihnen, die mit dem Begriff Subvokalisation nicht vertraut sind: Subvokalisation ist die innere Stimme, die Sie beim Lesen in Ihrem Kopf hören. Einige Experten für schnelles Lesen behaupten, dass die Eliminierung der Subvokalisation der Schlüssel zum schnellen Lesen ist. Scott Young gesteht jedoch ein, dass dies zwar Ihre Fähigkeit verbessert, Wörter schneller zu verarbeiten, der Kompromiss jedoch eine deutliche Abnahme des Verständnisses ist. Wie können Sie also darauf hoffen, schneller zu lesen, wenn Sie die Subvokalisation nicht eliminieren? Da die

Subvokalisation für das Leseverständnis von entscheidender Bedeutung ist, sind die schnellsten Leser ganz einfach besser und schneller darin. Ein Beweis für die Wirksamkeit dieser Praxis: Die NASA hat ein System zur Registrierung der Subvokalisation entwickelt, um damit im Internet zu surfen oder ein Raumschiff zu steuern. Auf genau die gleiche Weise, wie die Subvokalisation Ihnen beim Erlernen einer neuen Sprache hilft, erleichtert sie Ihr Leseverständnis.

Mythos Nr. 3: Lesen ist das Gleiche wie das Üben von Speed Reading

Man könnte meinen, dass der einfache Akt des Lesens uns in die Lage versetzt, schneller zu lesen. Doch wie bei jeder Praxis entwickeln wir schlechte Angewohnheiten, die wir oft nicht erkennen, wenn wir die Techniken oder Methoden absichtlich nicht richtig anwenden. Wenn wir darauf abzielen, ein vollständiges oder übergenaues Verständnis zu erlangen, kann es vorkommen, dass wir Sätze oder Absätze erneut lesen oder uns auf Wörter oder Ausdrücke fixieren, die wir nicht kennen. Außerdem praktizieren Sie kein Speed Reading, wenn Sie nicht aktiv Ihre normale Lesegeschwindigkeit erhöhen.

Vielleicht sagen Sie nun, dass die Bestseller, die Sie lesen und gar nicht mehr aus der Hand legen wollen, dieser Aussage widersprechen! Ihr Argument ist stichhaltig, solange Sie die Tatsache berücksichtigen, dass diese Bücher dazu gedacht sind, schnell gelesen zu werden. Sie verlassen sich auf einfache Konzepte, Verständlichkeit und anschauliche Bilder, um die Handlung und die thematischen Punkte voranzutreiben. Außerdem: Wie oft lesen Sie ein solches Buch und können sich dann an den kompletten Inhalt erinnern? Das Üben von Speed Reading erfordert anfangs einen kleinen Verzicht hinsichtlich des Behaltens von Informationen. Fortgesetztes, achtsames Üben wird mit der Zeit auch Ihre Merkfähigkeit verbessern, aber zu erwarten, dass sich Geschwindigkeit und Verständnis gleichzeitig verbessern, ist vielleicht zu optimistisch. Wenn Sie also lesen, dann tun Sie dies mit dem Ziel, die Lektüre zu genießen. Um Ihre Lesegeschwindigkeit zu verbessern, müssen Sie sich gezielt Zeit dafür nehmen.

Zusammenfassung des Kapitels

- Aufgrund ihrer etwas mysteriösen und scheinbar unerreichbaren Natur existieren Mythen über die Speed-Reading-Methode. Diese Mythen haben dazu geführt, dass diese Methode noch geheimnisvoller und unerreichbarer erscheint.
- Diese Mythen existieren, weil Speed Reading zu gut erscheint, um wahr zu sein.
- Der erste Mythos ist die Übertreibung, dass Menschen bis zu 10.000 Wörter pro Minute lesen könnten.
- Der zweite Mythos besteht darin, dass man die Subvokalisation, also die innere Stimme im Kopf beim Lesen, ausschalten müsste, um realistische Werte beim Speed Reading zu erreichen.
- Und schließlich besagt der dritte Speed-Reading-Mythos, dass Menschen ihre Lesegeschwindigkeit auf natürliche Weise verbessern könnten, indem sie einfach normal lesen.

Nachdem wir nun die Vorteile des Speed Readings dargelegt und die Irrtümer in Bezug darauf widerlegt haben, lassen Sie uns nun über Ihre Erwartungen an Ihr eigenes Leseverhalten sprechen. Vielleicht stellen Sie sich vor, Ihren Lesestoff zukünftig in Rekordzeit durchzuarbeiten. Zuerst müssen wir jedoch eine Ausgangsbasis finden. In diesem nächsten Kapitel werden wir daher herausfinden, wo Sie mit Ihrer Lesegeschwindigkeit gegenwärtig stehen.

KAPITEL DREI:

Akzeptieren Sie Ihr Leseniveau

Genau wie jede andere Fähigkeit erfordert der Beginn des Erlernens von Speed Reading Ehrlichkeit bezüglich Ihrer aktuellen Fähigkeiten. Sie würden nie in ein Fitnessstudio oder einen Kraftsportkurs gehen und gleich beim ersten Versuch versuchen, 150 kg oder mehr zu drücken. Wenn Sie ein aufstrebender Schauspieler oder bzw. eine aufstrebende Schauspielerin wären, würden Sie niemals ein Filmset betreten, für das Sie keinen Text einstudiert haben. Wenn Sie ein Künstler wären, würden Sie niemals Ihr erstes Gemälde in einem Museum neben einem Picasso erwarten. Sie verstehen, worauf ich hinaus will.

Auf die gleiche Weise müssen Sie die Tatsache anerkennen und annehmen, dass Sie vielleicht ein Anfänger beim Schnelllesen sind. Sie werden zwar zweifellos Ziele haben, die Sie am ersten Tag anstreben, aber Sie müssen sich von der Vorstellung verabschieden, am ersten Tag bereits ein Meister im Schnelllesen zu werden. Wenn Sie gegenwärtig etwa 200 Wörter pro Minute lesen, wird es mehr als einen Tag Arbeit erfordern, um eine Lesegeschwindigkeit von 1.500 Wörtern pro Minute zu erreichen und zu halten. Jetzt, da ich Ihnen diese unbequeme Wahrheit gesagt habe, sage ich Ihnen aber auch: Wir alle fangen an einem bestimmten Punkt an und wo auch immer dieser Ausgangspunkt sein mag, ist es völlig in Ordnung. Außerdem haben Sie sich ja mit dem Kauf dieses Buches dazu entschieden, sich zu verbessern. Doch wie in allen Bereichen des Lebens gilt auch hier: Um zu wissen, wo man hin will, muss man wissen, wo man anfangen soll. Setzen Sie sich hohe Ziele oder Erwartungen, aber verstehen Sie, dass das Erreichen dieser Ziele nicht einfach ist und vielleicht nicht so schnell geht, wie Sie es sich wünschen. Seien Sie in diesem Fall nicht hart zu sich selbst, sondern arbeiten Sie einfach weiter.

Lassen Sie uns ein bisschen mehr analysieren, wo Sie gerade stehen. Wie würden Sie sich selbst als Leser beschreiben? Was lesen Sie am liebsten? Was können Sie nicht leiden, wenn Sie sie lesen? Was würden Sie gerne öfter lesen? Gibt es bestimmte Dinge, die Sie gerne schneller lesen würden? Gibt es Dinge, die Sie besser verstehen möchten, wenn Sie sie lesen? Am wichtigsten, aber nicht ganz so offensichtlich ist es, die Erklärungen für Ihre Antworten zu finden. Warum haben Sie diese Antworten genannt?

Wussten Sie, dass Lesen keine natürliche biologische Funktion des Menschen ist? Das ist tatsächlich wahr! Im Gegensatz zu Dingen, die wir oft mit Lesen assoziieren, wie Sehen, Hören, Fühlen oder sogar Sprechen, weiß unser Gehirn nicht von Natur aus, wie man liest. Stattdessen erwarb der Mensch das Lesen als Fähigkeit und entwickelte sie kulturell. Dr. Yuval Noah Harari beschreibt in seinem Buch *Sapiens: A Brief History of Humankind* die Evolution des Lesens und Schreibens von seinem Ursprung als Buchführungssystem für Getreidelager und Einkäufe bis heute. Durch die Übernahme anderer entwickelter kognitiver Strategien wie Bilderkennung und linguistisches Analysieren integrierte die Sprache zunächst Dinge, die man anfassen, sehen, hören, riechen oder schmecken konnte. Konkrete Vorstellungen wie diese erlaubten es schließlich, abstrakte Ideen zu vermitteln, wie z. B. Religionen, Mythen, Fantasien oder Legenden. Dies schuf eine scharfe Gegenüberstellung zwischen der physischen Realität, die wir alle gemeinsam haben, und der imaginierten Realität, die jedem von uns innewohnt.

Es dauerte viele tausend Jahre, etwa bis zur landwirtschaftlichen Revolution, bevor die Schrift und damit das Lesen erfunden wurde. Dieser Prozess, den wir täglich nutzen und als selbstverständlich ansehen, hat eine lange und komplizierte Geschichte. Lesen und Schreiben sind für den Menschen schwierig und irgendwie unnatürlich. Andernfalls wäre die weltweite Alphabetisierungsrate höher als die 86,31 %, die von der Weltbank als aktuelle Zahl genannt werden. Es kann sein, dass Sie diesen Prozentsatz als sehr gut erachten, und das ist er auch. Er ist besser als jemals zuvor. Dennoch beweist diese Zahl eine entscheidende Tatsache: Lesen ist keine angeborene, instinktive Fähigkeit.

Jenseits der esoterischen, metageschichtlichen Perspektive gibt es handfestere Hindernisse für die Verbesserung Ihrer Lesegeschwindigkeit. Wenn Sie frustriert sind, können Sie gerne eines oder mehrere davon dafür verantwortlich machen. Ganz allgemein könnte die Unkenntnis des Themas den größten Einfluss auf Ihre Fähigkeit zum schnellen Lesen haben. Abstrakte und schwer verständliche Themen werden mit ziemlicher Sicherheit Ihre Lesegeschwindigkeit verlangsamen, während Sie sich mit dem Inhalt auseinandersetzen. Zweitens: Wenn Sie die Wörter nicht kennen, werden Sie ebenfalls langsamer. Je mehr Wörter Sie nicht kennen, desto mehr werden Sie überlegen müssen, um herauszufinden, was sie bedeuten, bevor Ihre Sturheit Sie dazu bringt, ein Wörterbuch zu Rate zu ziehen. Und schließlich wird es Ihren Lesefortschritt behindern, wenn Sie die Laute nicht kennen. Das kommt in Ihrer Muttersprache nicht besonders häufig vor, aber hin und wieder schon. Lehnwörter aus anderen Sprachen können Sie während des Lesevorgangs verwirren, genauso wie beim Erlernen einer Fremdsprache. Umgekehrt gilt: Je mehr Sie über das Thema, die Wörter und die Laute wissen, desto mehr wird sich Ihre Lesegeschwindigkeit erhöhen.

Zusammenfassung des Kapitels

- Bevor Sie dorthin gelangen können, wo Sie hinwollen, müssen Sie wissen, wo Sie sich jetzt befinden – in dieser Hinsicht unterscheidet sich Speed Reading nicht von anderen Dingen.
- Denken Sie an sich selbst als Leser. Das ist der beste Weg, um Ihren Ausgangspunkt zu bestimmen, wenn Sie schneller lesen wollen.
- Verstehen Sie, dass Lesen nicht etwas ist, das Sie als selbstverständlich ansehen sollten, und dass es den menschlichen biologischen Standard-Hardware-Einstellungen

eigentlich fremd ist. Ihre Vorfahren haben den Lesevorgang vor Jahrtausenden in einem komplizierten Prozess entwickelt.
- Noch wichtiger ist, dass es Einschränkungen für Ihr Lesevermögen gibt. Wenn Sie das Thema, die Wörter oder die Laute der Lektüre nicht kennen, kann dies Ihren Fortschritt behindern.
- Umgekehrt wird Ihnen mit zunehmender Kenntnis des Themas, der Wörter und der Laute das Lesen leichter fallen.

Jetzt haben wir eine Art abstrakte Ausgangsbasis geschaffen, die auf Ihrer eigenen Beschreibung von sich selbst als Leser und dem Verständnis basiert, dass Lesen schwierig und kompliziert ist. Im nächsten Kapitel werden Sie eine eher quantitative Bewertung Ihrer grundlegenden Fähigkeiten als Leser vornehmen, indem Sie Ihre Lesegeschwindigkeit berechnen. Dadurch wird Ihr abstraktes Ziel, generell schneller lesen zu wollen, in ein konkretes Ziel umgewandelt, nämlich um wie viel schneller Sie im Vergleich zu Ihrer aktuellen Lesegeschwindigkeit lesen wollen.

KAPITEL VIER:

Wie Sie Ihre Lesegeschwindigkeit berechnen

Wenn Sie versuchen, Ihre Lesegeschwindigkeit zu erhöhen, dann müssen Sie diese im Auge behalten. Diese Berechnung wurde für Studenten entwickelt, die den LSAT ablegen, den standardisierten Test für Personen, die in den USA ein Jurastudium aufnehmen möchten. Befolgen Sie die Anweisungen, um eine gute Schätzung Ihrer effektiven Lesegeschwindigkeit zu erhalten.

Die Formel

Schätzen Sie die Anzahl der Wörter auf einer Seite, indem Sie die Anzahl der Wörter in zwei Zeilen zählen und durch zwei dividieren. Wenn sich also 37 Wörter in zwei Zeilen befinden, beträgt die Wortanzahl pro Zeile 18,5.

Zählen Sie die Anzahl der Zeilen auf der Seite. Multiplizieren Sie sie mit der Anzahl der Wörter pro Zeile. Wenn es also 50 Zeilen auf einer Seite gibt, sind 50 x 18,5 = 925 Wörter auf einer Seite.

Wenn Sie es noch genauer haben wollen, können Sie einfach eine Software verwenden, um die Anzahl der Wörter auf einer bestimmten eBook-Seite zu überprüfen.

Lesen Sie eine Seite. Messen Sie, wie lange Sie dafür in Sekunden brauchen.

Teilen Sie die Wörter pro Seite durch die Sekunden, die Sie zum Lesen der Seite gebraucht haben. Multiplizieren Sie mit 60, um die Wörter pro Minute zu erhalten. Für diese Übung nehmen wir an, dass Sie vier Minuten und 30 Sekunden gebraucht haben, um die Seite zu lesen. Das ergibt 270 Sekunden. 925 geteilt durch

270 ist gleich 3,425. Das mal 60 ist ungefähr 205 Wörter pro Minute.

Wiederholen wir diese Formel und vereinfachen sie hier. Bestimmen Sie die Wörter pro Zeile (words per line, WPL). Bestimmen Sie dann die Zeilen pro Seite (lines per page, LPP). Multiplizieren Sie WPL mit LPP, um die Wörter pro Seite (words per page, WPP) zu erhalten. Holen Sie nun Ihre Stoppuhr. Starten Sie sie. Lesen Sie die Seite. Rechnen Sie die Zeit in Sekunden um. Teilen Sie die WPP durch die Sekunden. Multiplizieren Sie das Ergebnis mit 60, um die Anzahl Ihrer Wörter pro Minute (WPM) zu erhalten.

Noch einmal: Die Formel lautet wie folgt:

WPM = WPP (LPP x WPL) / Sekunden x 60

Jetzt können Sie Ihren eigenen WPM-Wert (also Ihre Lesegeschwindigkeit) berechnen, aber bevor Sie das tun, sollten Sie ein paar Schritte unternehmen, um sicherzustellen, dass Sie konzentriert sind:

- Finden Sie einen ruhigen Platz, um alleine zu lesen
- Eliminieren Sie Ablenkungen (Fernseher, Handy, Browser-Tabs usw.)
- Stellen Sie sicher, dass Sie es bequem haben
- Halten Sie Ihre Stoppuhr und Ihr Buch bereit

Haben Sie alles verstanden? Berechnen Sie nun Ihre eigene Lesegeschwindigkeit und schreiben Sie sich die Zahl irgendwo auf, damit Sie Ihren Fortschritt beim Lesen dieses Buches verfolgen können.

Messen Sie in regelmäßigen Abständen die Geschwindigkeit, mit der Sie lesen. Idealerweise sollten Sie das gleiche Buch oder zumindest den gleichen Autor verwenden, um den Test zu standardisieren. Andernfalls würden Sie eine ungenaue Einschätzung Ihrer Lesegeschwindigkeit erhalten. Das Lesen desselben Buches stellt sicher, dass Sie nicht aufgrund der Schwierigkeit des zu lesenden Buches schneller oder langsamer lesen. Es kann auch ein Buch sein, das Sie bereits gelesen haben. Das kann sogar besser sein als ein Buch, das Sie nicht gelesen haben, weil Sie zumindest theoretisch alle Wörter des Buches kennen sollten.

Nachdem Sie den Test durchgeführt und Ihre eigene Lesegeschwindigkeit berechnet haben, sehen Sie unten, wo Sie stehen. Diese Zahlen stammen aus einer von Staples gesponserten Studie zur Vermarktung eines E-Books und wurden in einem Artikel der Zeitschrift Forbes zitiert. Verwenden Sie diese Angaben nur als Richtwert, um zu beurteilen, wo Sie stehen. Lassen Sie sich nicht entmutigen, wenn das Ergebnis nicht Ihren Vorstellungen entspricht, denn wenn Sie bis hierher gelesen haben, haben Sie ein gutes Engagement zur Verbesserung Ihrer Lesegeschwindigkeit gezeigt. Mit Zeit und Übung sollte sich Ihre Geschwindigkeit deutlich erhöhen.

- Die durchschnittliche Lesegeschwindigkeit eines Erwachsenen beträgt 300 Wörter pro Minute.
- Ein typischer Drittklässler liest mit einer Geschwindigkeit von 150 WPM.
- Schüler der achten Klasse erreichen normalerweise eine Geschwindigkeit von 250 WPM.
- Ein durchschnittlicher College-Student erreicht etwa 450 WPM.
- Ein durchschnittlicher Angestellter der oberen Führungsebene erreicht etwa 575 WPM für seinen superwichtigen Firmenjob.
- Wohl auch aufgrund des hohen Bildungsniveaus, das für seinen Job erforderlich ist (in der Regel ein Doktortitel), liest ein durchschnittlicher College-Professor mit 675 WPM, sodass er all die unermesslichen Mengen an Arbeit, die seine Studenten produzieren, bewältigen und trotzdem die Benotungsfristen einhalten kann.

- Schnellleser können Werte von 1.500 WPM oder mehr erreichen, besonders mit Hilfe von Schnelllesebüchern wie diesem.
- Wir haben sie bereits erwähnt, aber Anne Jones ist es wert, noch einmal erwähnt zu werden: Als Weltmeisterin im Schnelllesen erreicht sie erstaunliche 4.700 WPM.

Zusammenfassung des Kapitels

- Das Berechnen Ihrer Lesegeschwindigkeit ist einfach. Wenn Sie die Formel anwenden, können Sie Ihre Lesegeschwindigkeit in fünf Minuten oder weniger bestimmen.
- Schätzen Sie die Wörter pro Seite, indem Sie die Wörter in zwei Zeilen zählen und dann durch zwei dividieren.
- Zählen Sie die Anzahl der Zeilen pro Seite und multiplizieren Sie sie dann mit den Wörtern pro Zeile.
- Alternativ können Sie beim Lesen elektronischer Bücher den gesamten Text auf der Seite markieren und die Anzahl der Wörter mit Ihrem E-Reader überprüfen oder die Wörter kopieren und in ein Programm zur Überprüfung der Wortanzahl einfügen.
- Lesen Sie eine Seite und messen Sie die Zeit, die Sie dafür brauchen, in Sekunden.
- Teilen Sie die Wörter pro Seite durch die benötigten Sekunden, um die Wörter pro Sekunde zu erhalten.
- Multiplizieren Sie diesen Wert mit 60, um Ihre Wörter pro Minute zu erhalten.
- Diese Formel kann wie folgt dargestellt werden: WPM = WPP (LPP x WPL) / Sekunden x 60
- Wiederholen Sie den Messvorgang regelmäßig, um Ihren Fortschritt zu protokollieren, idealerweise mit demselben Buch.
- Verwenden Sie die obigen Informationen als Referenz für Ihre Lesegeschwindigkeit und als Maßstab, an dem Sie Ihre Fortschritte messen, sobald Sie einige Zeit geübt haben.

Herzlichen Glückwunsch! Sie wissen jetzt genau, wo Sie als Schnellleser stehen. Bis zu diesem Punkt im Buch haben Sie eine Menge über die Vorteile des Schnelllesens und einige damit in Zusammenhang stehende Mythen gehört. Sie haben sich eine Vorstellung davon gemacht, wer Sie als Leser sind und die Zahl Ihrer gelesenen Wörter pro Minute berechnet. Sie fragen sich nun vielleicht, wann Sie endlich zu den guten Dingen kommen, nämlich wie Sie Ihre Lesegeschwindigkeit verbessern können. Zum Glück wird das nächste Kapitel das erste sein, das Ihnen die Tipps und Tricks verrät, wie genau Sie das schaffen können.

KAPITEL FÜNF:

Wie Sie schneller lesen können

Setzen Sie sich ein Ziel

Der erste Schritt zum schnellen Lesen geschieht eigentlich schon, bevor Sie überhaupt anfangen, ein Buch, einen Artikel, einen Aufsatz oder etwas anderes zu lesen. Dazu gehört, dass Sie sich ein Ziel für den Lesestoff, den Sie lesen, setzen, und zwar: Was wollen Sie aus der Lektüre, die Sie lesen, herausholen? Wollen Sie in einem Zeitungsartikel die neuesten Entwicklungen über aktuelle Ereignisse erfahren? Oder wollen Sie vielleicht eine neue Fähigkeit erlernen, so wie Sie es jetzt gerade tun? Vielleicht haben Sie den neuesten Bestseller in die Hand genommen, über den alle reden, und Sie wollen ihn endlich selbst lesen. Der genaue Grund oder das Ziel ist nicht annähernd so wichtig wie der Akt, sich eines zu setzen. Ein Ziel vor Augen zu haben, wenn Sie lesen, hilft Ihnen beim Lesen ungemein. Ein Ziel hilft Ihnen dabei, sich darauf zu konzentrieren, warum Sie gerade lesen. Ein Ziel trägt dazu bei, dass Sie während des Lesens bestimmte Informationen aufnehmen, und macht Sie darauf aufmerksam, wenn Sie langsamer werden und sich auf bestimmte, wichtige Passagen konzentrieren müssen, um Ihr Leseverständnis zu maximieren.

Machen Sie etwas, während Sie lesen

Ist damit etwa Multitasking gemeint? Sollte ich versuchen, Haushaltsarbeiten zu erledigen, während ich ein Buch in den Händen halte? Nein, das ist nicht das, was ich Ihnen vorschlage. Viele der Schwierigkeiten, die sowohl beim normalen Lesen als auch beim Speed Reading entstehen, entstehen durch eine passive Herangehensweise an das Lesen. Damit meine ich, dass Sie nichts weiter tun, als Ihre Augen über die Wörter zu bewegen und zu versuchen, sie zu verstehen. In seinem Buch *Breakthrough Rapid Reading* geht Peter Kump auf diese Passivität ein und schafft Abhilfe, indem er eine aktive Beschäftigung mit dem vorschreibt, was Sie gerade tun, in diesem Fall das Lesen. Diese Strategie maximiert Ihre bewusste Konzentration und verstärkt Ihr Verständnis dessen, was Sie lesen. Er zitiert den Psychologen William James und stellt fest, dass die Verbesserung des Gedächtnisses mit der Verbesserung der Gewohnheiten einhergehe, mit denen wir Fakten erfassen. Daraus folgert Kump, dass aktives Lesen und Organisieren während des gesamten Leseprozesses die Art und Weise verbessern, wie Sie Informationen aufnehmen. Doch das ist noch nicht alles. Kump sagt, dass man die Informationen auch nutzen und in irgendeiner Weise anwenden müsse, um sie sich zu eigen zu machen. Ob das nun bedeutet, diese Informationen zu wiederholen oder sie in Zusammenhang mit anderen Dingen zu bringen: Sie werden sich die Informationen schlechter merken können, wenn Sie dies nicht tun. In diesem Kapitel erfahren Sie einige der Möglichkeiten, wie Sie diese Erkenntnis auf Ihr Leseverhalten anwenden können, damit Sie von den Vorteilen des aktiven Lesens profitieren können.

Die Magie der Skimming-Methode (Überfliegen-Methode)

Das Modulieren der Lesegeschwindigkeit wird Ihnen dabei helfen, das Beste aus Ihrer Lektüre herauszuholen und gleichzeitig Ihre Lesegeschwindigkeit zu erhöhen. Wir nennen diese Technik Skimming. Indem Sie selektiv die Informationen lesen, die Sie für am wichtigsten halten und Unwichtiges überfliegen, kann die Skimming-Methode unglaublich effektiv sein, sobald wir die Informationen bestimmt haben, die wir aus einem bestimmten Text erhalten möchten. Skimming kann jedoch auch einem anderen Zweck dienen: Das schnelle Überfliegen eines Textes, bevor Sie ihn näher betrachten, hilft Ihrem Auge und Ihrem Gehirn dabei, die Informationen aufzugreifen, die Sie am meisten interessieren. Dadurch werden Sie mit dem Text im Allgemeinen vertraut, bevor

Sie ihn gründlicher lesen. Laut einer Studie erhöht diese Vorgehensweise das Verständnis merklich.

Denken Sie an das letzte Mal, als Sie für eine Prüfung gelernt haben. Mir ist klar, dass dies bei einigen von Ihnen schon eine ganze Weile her sein kann, aber haben Sie trotzdem Geduld mit mir. Wenn Sie sich auf eine Prüfung oder eine große Präsentation vorbereiten, dann ist Ihre Zeit begrenzt. Also überspringt man natürlich alle Informationen, die einem nicht weiterhelfen würden, und beginnt mit den wichtigsten Informationen. Wir überfliegen die Prüfungsunterlagen schnell, um herauszufinden und zu verstehen, wie sie aufgebaut sind, welche Art von Fragen sie enthalten und welche Teile die meisten Punkte bringen. Von da aus konnten wir uns schneller und effizienter durch die Prüfung bewegen, weil wir wissen, wo die größten Gewinne und Verluste zu erwarten sind. Wenn z. B. eine Aufsatzfrage genauso viel wert ist wie die Multiple-Choice- und Kurzantwortteile zusammen, dann können wir mit dem Aufsatz beginnen, bevor wir zu den Bereichen mit weniger Punkten pro Frage kommen. Wenn wir etwas lesen, finden wir im Allgemeinen die wichtigsten Informationen in der Einleitung sowie im Schlussteil. Mit der Strategie, diese Teile zu lesen und alle anderen Bereiche, die dazwischen liegen, nur zu überfliegen, können wir die Informationen am besten behalten.

Denken Sie darüber nach, die Subvokalisation zu ersetzen

In den folgenden Fällen kann eine Modulation der Subvokalisation erheblich hilfreich sein. Beim Überfliegen opfern wir bereits das Einprägen der Informationen zugunsten der Geschwindigkeit, weil die Informationen für uns nicht so wichtig sind. Da wir dies bereits akzeptiert haben, können wir beginnen, die Subvokalisation zurückzustellen, um diese Abschnitte noch schneller zu lesen. Beim Skimming ist die Subvokalisation mit großem Abstand der Hauptfaktor, der unsere Lesegeschwindigkeit verlangsamt. Durch die Subvokalisation wird unsere Lesegeschwindigkeit auf etwa 300 Wörter pro Minute reduziert, was also einem Fünftel unseres

Potenzials entspricht! Ihre Augen und Ihr Gehirn können Informationen mit einer viel schnelleren Geschwindigkeit verarbeiten. Wenn Sie den Erzähler in Ihrem Kopf davon abhalten, Ihre Lesegeschwindigkeit zu verlangsamen, können Sie Ihre effektive Lesegeschwindigkeit ziemlich schnell verdoppeln.

Moment mal, werden Sie jetzt vielleicht sagen, das ist viel leichter gesagt als getan. Das stimmt! Es kann schwierig sein, die Subvokalisation zu stoppen, besonders wenn Sie das Gefühl haben, dass Sie subvokalisieren müssen, um effektiv zu lesen. Auch ich habe eine ganze Weile gebraucht, um mir diese Angewohnheit abzugewöhnen. Psychologisch gesehen ist es unglaublich schwer, Gewohnheiten abzulegen. Es ist jedoch ziemlich einfach, eine Gewohnheit durch eine andere zu ersetzen. Anstatt zähneknirschend zu versuchen, mit dem Subvokalisieren aufzuhören, lenken Sie sich irgendwie ab. Benutzen Sie Ihren Finger oder einen Bleistift, um den Wörtern zu folgen, hören Sie Musik oder Ihren Lieblings-Podcast oder kauen Sie Kaugummi, während Sie lesen.

Lernen Sie, Wörter während des Lesens zu gruppieren

Eine weitere schwer zu überwindende Angewohnheit ist es, jedes Wort einzeln zu lesen. In der Schule wurde uns beigebracht, dass wir, um einen ganzen Satz zu verstehen, die Bedeutung jedes einzelnen Wortes verstehen müssen. Auch wenn das letzte Mal, dass wir diese Aussage gehört haben, möglicherweise schon sehr lange her ist, halten wir sie immer noch für wahr. Wie oft aber lesen Sie einen Satz, bei dem Sie nicht mehr als ein oder zwei der Wörter kennen? Selbst wenn Sie das tun, können Sie in der Regel mit Hilfe des Kontexts herausfinden, was diese unbekannten Wörter bedeuten. Die Technik, bei der Sie ein paar Wörter um ein anderes Wort herum lesen, um herauszufinden, was es bedeutet, können Sie auch hier anwenden, um mehrere Wörter auf einmal zu lesen und Ihre Lesegeschwindigkeit zu erhöhen.

Sie können das tun, weil Ihr Auge eine Spanne von etwa 4 cm hat. Dies ist mehr als genug, um fünf Wörter zu lesen, oder vielleicht auch nur drei oder vier, wenn die Wörter länger sind. Je besser Sie werden, desto mehr können Sie diese Spanne vergrößern und bis zu neun Wörter schaffen, was Wunder für Ihre Lesegeschwindigkeit wirkt. Auch dies mag leichter gesagt als getan sein, aber wenn Sie sich etwa auf jedes fünfte Wort konzentrieren, dann können Sie die Ergebnisse, die Sie mit dieser Technik erzielen, definitiv überraschen. Es erfordert jedoch ein wenig Übung, bevor Sie diese Fähigkeit voll ausnutzen können. Doch wie in allen anderen Bereichen des Lebens werden Sie auch hier mit Zeit und Übung immer besser. Ich würde Sie jedoch davor warnen, diese Technik für wichtige Informationen, wie z. B. ein Lehrbuch, zu verwenden, bevor Sie sich damit völlig wohl fühlen.

Der bereits erwähnte Artikel „So Much to Read, So Little Time" spricht dieses Phänomen direkt an. Er beschreibt, wie sehr die Sehschärfe unser Sehvermögen sowie den Leseprozess einschränkt, indem sie das Erfassen der Informationen jenseits der Fovea, dem Mittelpunkt des Sehens und der Stelle, an der die Fixierung stattfindet, verhindert. Dieser Bereich macht bis zu 1 Grad in jeder Richtung des Sehwinkels aus und bietet die höchste Sehschärfe im Vergleich zur Parafovea, welche 1 Grad bis 5 Grad vom Sehzentrum entfernt ist. Der Rest des Gesichtsfeldes wird als Peripherie bezeichnet und weist eine geringe Sehschärfe auf. Obwohl der Artikel behauptet, dass die Sehschärfe abnimmt, je weiter man sich vom Sehzentrum entfernt, so ist ein gewisses Erfassen dennoch möglich, wie das weiter unten folgende Bild zeigt. Die Wörter verschwimmen zwar mehr zu den Satzenden hin, sind aber immer noch lesbar und können für die Zwecke des Speed Readings bei höheren Lesegeschwindigkeiten dennoch erfasst werden. Es ist wissenschaftlich erwiesen, dass die Worterkennung am häufigsten und effektivsten in der Fovea stattfindet, jedoch auch außerhalb davon. Wenn Sie mehr darüber wissen wollen, warum das so ist, lesen Sie den Artikel. Darin wird beschrieben, wie Stäbchen und

BEWÄHRTE SPEED READING TECHNIKEN

Zapfen im Auge funktionieren. Leider haben wir in diesem Buch keine Zeit dafür.

Steven Frank schrieb ein Buch namens *Speed Reading Secrets*, als er mit dem Rucksack durch die Welt reiste. Ich empfehle die Lektüre sehr, auch wenn dieses Buch eine aktualisierte und umfangreichere Version davon darstellt. In Bezug auf das Lesen von fünf oder mehr Wörtern auf einmal verrät er darin eine ausgezeichnete Übung, um diese Methode selbst zu entwickeln. Er platziert drei Spalten mit Wörtern auf der Seite und fordert den Leser auf, nur den mittleren fettgedruckten Wörtern zu folgen und zu sehen, wie viele der anderen Wörter er aufnehmen kann, obwohl die Augen des Lesers natürlich von den fettgedruckten Wörtern angezogen werden.

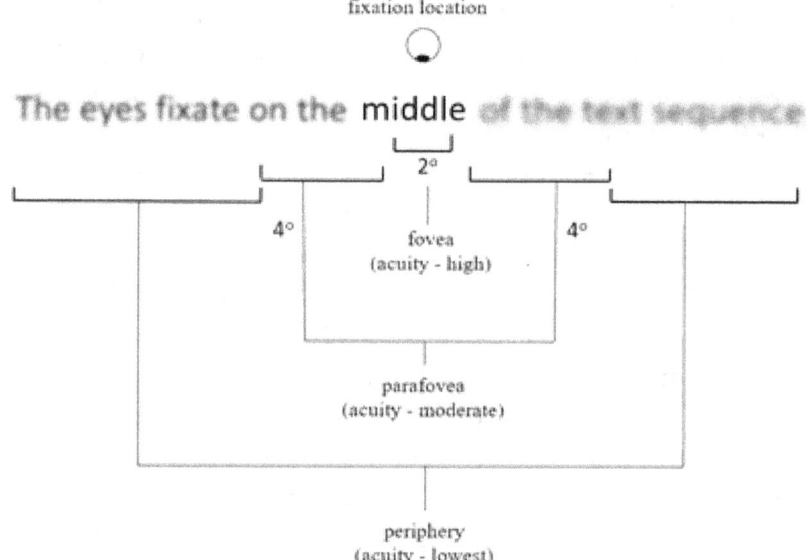

uncle	**penguin**	textbook
school	**light bulb**	jogging
alligator	**airplane**	adventure
umbrella	**soup**	fourteen
symbol	**friend**	bridge
literature	**envelope**	birthday
hungry	**skiing**	tennis
holiday	**shiny**	mathematics
bedroom	**clouds**	degree
green	**pencil**	nighttime
computer	**shoes**	dinner
graduation	**peanut**	candles
calendar	**elevator**	skate
ocean	**wallet**	hearing
sunshine	**brave**	music
mittens	**feather**	sister
history	**title**	doorway
words	**subway**	shampoo
prism	**movies**	occupation
sidewalk	**stomach**	princess

Dann weist er den Leser an, es noch einmal ohne die fettgedruckten Wörter zu versuchen und nur der mittleren Spalte nach unten zu folgen. Der Leser soll sich nur auf den mittleren Abschnitt konzentrieren und herausfinden, wie viele Wörter er trotzdem aufnimmt. Ohne das fettgedruckte Wort, das dem Auge den Fokus nimmt, wird das Gehirn mehr Wörter verarbeiten, da das Auge stärker wandert.

happiness	database	brakes
postage	capital	December
quantity	telephone	wristwatch
Boston	freedom	stapler
panther	pizza	motive
earthquake	socks	newspaper
maple	combination	squash
medicines	shoehorn	antenna
inflation	hammer	clothing
Spanish	detective	spectacle
knot	armchair	banister
postcard	temperature	modem
sticker	catalog	lawyer
bookstore	goggles	island
laundry	telephone	alarm
Monday	elevator	service
village	badge	guarantee
waterfall	note	evening
photograph	concert	plumber
ticket	locomotive	bubble
siren	octopus	professor

Die relativ einfache Übung demonstriert, wie einfach diese Taktik sein kann. Frank weist darauf hin, dass sich diese Technik sogar noch besser auf ganze Sätze übertragen lässt, da sie versuchen, eine vollständige Idee zu vermitteln, und die Wörter in dieser Form viel besser zusammenfließen. Die Wörter stehen nicht wahllos nebeneinander, ohne eine Verbindung zu haben. Sie müssen nicht wirklich jedes Wort lesen, um den Inhalt eines Satzes zu verstehen. Als letztes Beispiel fügt er weitere drei Spalten mit Wörtern ein.

Once	you	train
your	eye	to
read	this	new
way,	you	find
that	it	is
not	so	difficult
to	do.	

Frank weist darauf hin, dass man Sätze manchmal in einzelne Teilsätze aufteilen kann, die gut zusammenpassen und zum Lesen gruppiert werden können. Zum Beispiel: „Bevor er frühstückte, ging er joggen". Allerdings lassen sich nicht alle Sätze so gut aufteilen, und die Länge der Sätze variiert. Manche Sätze werden durch unterschiedliche Wortlängen unzusammenhängend. Die Aufteilung von Wörtern und Sätzen auf der Seite ist jedoch immer noch möglich, wenn man sorgfältig und etwas kreativ vorgeht. Anhand der „Gettysburg-Rede" als Beispieltext zeigt er, wie Sie Texte in Spalten unterteilen können, die besser funktionieren, mit drei oder vier Wörtern pro Spalte.

Four score	and seven years ago	our fathers brought forth
on this continent	a new nation	conceived in liberty,
and dedicated	to the proposition	that all men
are created equal.		
Now we are engaged	in a great civil war,	testing whether that nation,
or any nation,	so conceived and so dedicated,	can long endure.
We are met	on a great battlefield	of that war.
We have come	to dedicate a portion	of that field,
as a final resting place	for those	who here gave their lives

that that nation might live.
that we should do this.

It is altogether

fitting and proper

Ron Cole plädiert ebenfalls für diese Art des Lesens und gruppiert zwei, drei, vier oder fünf Wörter zusammen, um diese Fähigkeit zu entwickeln und zu üben. In seinem Buch *SuperReading for Success* stellt er eine innovative und einzigartige Lesemethode vor, die er „Eye-Hop" nennt. Er behauptet, dass allein die vermehrte Anwendung dieser Methode mit einer Steigerung der Leseeffektivität der Probanden korreliere. Seine Methode ähnelt dem Beispiel aus dem Buch von Steven Frank, unterscheidet sich aber darin, dass Cole sich mehr auf die Wörter selbst konzentriert als auf die Spalten, in der sie sich befinden. Er bildet in seinem Buch nur zwei Wortspalten, und die erste umfasst nur Wortpaare. Ein kurzer Auszug über die Grundlagen der Astronomie bereitet das Gehirn des Lesers auf das vor, was kurz darauf folgt. Der Drei-Wort-Eye-Hop beschreibt die Entdeckungsreisen von Ernest Shackleton und anderen berühmten Entdeckern zum Südpol. Der Vier-Wort-Eye-Hop erzählt die Geschichte von The Optimist und fordert das Gehirn weiter heraus, Wörter zu gruppieren. An diesem Punkt, so sagt Cole voraus, werden die meisten seiner Leser den „Durchbruch" erleben und die vollständige Bedeutung des Satzes begreifen, ohne ihn auszusprechen. Wenn dieser Durchbruch auf der Vier-Wort-Ebene nicht passiert, garantiert Cole, dass er angesichts der logistischen Herausforderung, fünf Wörter in einer halben Sekunde auszusprechen, beim Fünf-Wort-Eye-Hop passieren werde. Darin liegt das Ziel des Eye-Hop von Ron Cole. Neben der Verarbeitung von fünf Wörtern auf einmal prognostiziert Cole, dass Sie sich zu 75 Prozent an den Inhalt in allgemeiner Form erinnern werden, allerdings nicht unbedingt Wort für Wort. Er ermutigt seine Leser dazu, so schnell wie möglich zu lesen und dabei mindestens dieses Niveau des Textverständnisses beizubehalten.

Folgen Sie dem Text mit einer Hilfsunterstützung

Wenn diese lange Abschweifung und diese Methode für Sie nicht funktionieren, dann habe ich eine gute Nachricht: Es gibt noch eine weitere nützliche Methode. Meta-Guiding gibt es schon seit einiger Zeit und kann Ihnen dabei helfen, das Ziel zu erreichen, fünf oder mehr Wörter auf einmal zu lesen. Diese Methode gibt das Tempo für Ihr Auge vor, indem Ihr Auge mit einem Kugelschreiber, Bleistift oder Ihrem Finger zu bestimmten Wörtern geführt wird. Indem Sie Ihren Blick verfolgen und die Zeit, die Sie für jedes Wort aufwenden, standardisieren, können Sie Ihre Augen auf der Seite entlang bewegen. Es gibt einen Grund dafür, dass Kinder diese Technik verwenden, wenn sie lesen lernen. Sie hilft ihnen dabei, sich von einem Wort zum nächsten zu bewegen, während sie gleichzeitig die Lesegeschwindigkeit und die Merkfähigkeit erhöht. Auch Erwachsene können von dieser Technik profitieren, wenn auch für andere Zwecke. Der Unterschied ist, dass Erwachsene sie viel schneller anwenden, und genau darin liegt auch der Trick. Je schneller Sie Ihren Finger über die Seite bewegen und ihn mit Ihren Augen folgen können, desto schneller können Sie lesen. Ihr Finger fungiert als Tracker für Ihre Augen, gibt das Tempo für Ihre Augen vor und hilft Ihnen dabei, sich von Wort zu Wort zu konzentrieren.

Jordan Harry von StudyFast spricht über genau dieses Problem und darüber, dass Sie nicht nur Ihren Lesefluss verlangsamen, sondern auch Ihre Augen ermüden, wenn Sie sich zu oft auf jede Zeile fixieren. Routine mildere dieses Phänomen, sagt er, erhöhe die Effizienz Ihrer Augenbewegungen und ermögliche so eine Steigerung der Lesegeschwindigkeit. Ein Teil dieser Effizienzsteigerung hänge von Ihrer Fähigkeit ab, Ihr peripheres Sehen für das Lesen zu nutzen. Wenn Sie dies tun, reduziere sich laut Harry die Anzahl der erforderlichen Fixierungen pro Zeile auf etwa drei. Indem Sie mehr Informationen auf einmal verarbeiten, sollte sich die Qualität des Gesamtüberblicks über die Informationen verbessern, ohne dass das Verständnis darunter leidet. Durch die regelmäßige Übung dieser Methode sollten Sie schneller lesen können.

Harry ist vermutlich eine Legende im Bereich des Speed Readings, denn er ist erst 20 Jahre alt und hat Study Fast auf über 15.000 Menschen in 147 Ländern gebracht. Nach Überwindung einer Sprachbehinderung verfügt er nun über eine Lesegeschwindigkeit von 1.500 Wörtern pro Minute, die gleiche Geschwindigkeit, die dieses Buch verspricht. Harry bietet von Online-Kursen über Workshops bis hin zu Veranstaltungen und Vorträgen zahlreiche Dienstleistungen an. Dies ist angesichts seines jungen Alters ziemlich beeindruckend.

Jim Kwik befürwortet die Meta-Guiding-Methode ebenfalls aus biologischen und entwicklungsbedingten Gründen. Er führt an, dass Kinder diese Methode selbständig anwenden, bis man ihnen sagt, sich nicht darauf zu verlassen. Kinder nutzen diese Methode unbewusst, wenn sie Dinge zählen oder sich besonders auf einen Text konzentrieren müssen. Aus evolutionärer Sicht sind unsere Augen darauf eingestellt, Bewegungen wahrzunehmen, was für das Überleben und die Jagd unserer Vorfahren unerlässlich war. Visuelles Pacing verbessert unseren Fokus, indem es unsere Aufmerksamkeit auf Informationen lenkt, anstatt sie zu segmentieren. Kwik bemerkte ebenfalls die inhärente Verbindung zwischen Sehen und Fühlen, ähnlich wie die Verbindung zwischen Geruch und Geschmack. Der Geruch macht einen großen Teil unserer Geschmacksempfindung aus, was sich leicht beweisen lässt: Wenn Sie beispielsweise eine Erkältung haben, schmeckt Ihnen Ihr Essen einfach nicht so gut. Kwik zitiert viele Experten, die der Meinung sind, dass sie sich beim Lesen besser fühlen, wenn sie einen visuellen Taktgeber verwenden. Der vielleicht größte Hinweis auf diesen Zusammenhang ist jedoch die Entwicklung der Braille-Schrift, die für blinde Menschen entwickelt wurde. Der Tastsinn blinder Menschen wird bei der Braille-Schrift effektiv zu ihrem Sehsinn, wodurch sie lesen können.

Wenn Sie eine einfache Meta-Guide-Technik suchen, bleiben Sie dabei, jede Linie mit einem Stift, Bleistift oder Ihrem Finger nachzuverfolgen. Wenn Sie jedoch auf der Suche nach einer etwas fortgeschrittenen Technik sind, dann finden Sie hier eine Vorschau auf zusätzliche Techniken. In Kapitel zehn, „Schneller lernen mit fortgeschrittenen Lerntechniken", finden Sie die komplizierten Handbewegungen, die von Evelyn Wood entwickelt wurden und die sie 1959 in ihrem bahnbrechenden Ratgeber zum Thema Schnelllesen veröffentlichte. Wood gilt als eine der ersten anerkannten Speed-Reading-Spezialisten und beschreibt mehrere einzigartige Bewegungen, die Sie beim Speed Reading anwenden können, um Ihren Augen dabei zu helfen, die Wörter auf einer Seite schneller aufzunehmen. Bleiben Sie dran und lesen Sie dieses Buch bis zum Ende durch, wenn Sie wissen wollen, wie diese fortgeschrittenen Methoden funktionieren.

Nutzen Sie Apps, um Ihr Lesevermögen zu verbessern

Die Methode „Rapid Serial Visual Presentation" wird oft von Apps verwendet, die bei der Steigerung der Lesegeschwindigkeit helfen sollen. Indem einzelne Wörter auf dem Bildschirm vor Ihnen angezeigt werden, entfällt bei dieser Methode die Notwendigkeit, dass sich Ihre Augen bewegen. Dadurch wird die Zeit, die Sie zum Verarbeiten der Informationen benötigen, stark verkürzt, ähnlich wie bei dem Beispiel des MIT-Experiments zur Bildverarbeitung. Wenn Sie sich an das System gewöhnt haben, wird die App auf natürliche Weise die Geschwindigkeit erhöhen, mit der sie Ihnen Wörter anzeigt, was theoretisch Ihre Lesegeschwindigkeit erhöht. Die Geschwindigkeit, mit der die Wörter angezeigt werden, kann Sie überraschen, sodass Sie gar nicht merken, dass Sie sie verstehen. Der Nachteil diese Methode ist jedoch die Tatsache, dass bei der schieren Menge an Wörtern, die Sie sehen, Ihr Arbeitsgedächtnis überlastet wird. Die Wörter kommen schneller, als Sie mit ihnen umgehen können, und es kann passieren, dass Sie einige davon überspringen oder sie schlicht und einfach nicht verarbeiten.

Wenn Sie sich dazu entscheiden, Apps auszuprobieren, so hat BookRiot eine Liste von Apps zusammengestellt, die Ihnen helfen können, schneller zu lesen. Diese Apps sind: „Spreeder", „Reedy", „Read Me!", „Speed Reading", „Speed Reader", „Quick Reader", „Focus-Speed Reader", „Seven Speed Reading App", „Outread" und „Acereader iPad". Einige Apps sind mit Android und iOS kompatibel, andere nur mit einem dieser beiden Betriebssysteme. Einige funktionieren nur am PC bzw. im Browser. Einige sind kostenlos, während andere im jeweiligen App-Store Geld kosten. Die Auswahl ist groß, aber ich bin mir sicher, dass es eine App für Ihren persönlichen Geschmack gibt, unabhängig davon, wie Ihre Parameter aussehen. Wenn eine App für Sie geeignet zu sein scheint, laden Sie sie herunter und beginnen Sie, sie zum Lesen zu verwenden! Denken Sie daran, dass jeden Tag neue Apps entwickelt werden und alte Apps vom Markt verschwinden, sodass es sein kann, dass es einige der hier genannten Apps nicht mehr gibt, wenn Sie dies lesen.

Eine andere App, die BookRiot nicht erwähnt, die aber in einem *MindTools*-Artikel erwähnt wird, ist „Spritz". Diese App, die eine ähnliche RSVP-Methode verwendet, wurde 2014 unter großem Beifall veröffentlicht und erhielt sogar einen eigenen Artikel in CNN Business, in dem die Reaktionen der Menschen auf diese detailliert beschrieben wurde. Einige waren total begeistert, anderen wiederum gefiel die App gar nicht. Selbstverständlich hat die RSVP-Methode eine Menge Kritiker. Diese App bietet den Unterschied, dass ein Buchstabe in Rot dargestellt wird. Auf diesem kleinen Unterschied basiert die Behauptung, dass „Spritz" die RSVP-Methode effektiver nutze und gleichzeitig die Speicherung der Informationen erleichtere, da der einfarbige Buchstabe das Lesen erleichtern würde. Dieser Unterschied ist laut *Medical Daily* wissenschaftlich untermauert, da unser Gehirn 80 Prozent der Zeit braucht, um den optimalen Erkennungspunkt für ein bestimmtes Wort zu finden und 20 Prozent, um es tatsächlich zu lesen. Der Experte für schnelles Lesen, Scott Young, hält dies jedoch für unwahrscheinlich, da das Gehirn nur einen „Brocken" von drei bis fünf Wörtern auf einmal erfassen kann. Young sagt, dass unser mentaler Arbeitsspeicher einfach nicht das Niveau der Stimulation aushalten könne, das die App „Spritz" verwendet. Er kritisiert auch, dass „Spritz" behauptet, durch wissenschaftliche Ergebnisse gestützt zu werden, obwohl er in diesem Zusammenhang keine glaubwürdige, unabhängige, von Experten bestätigte Forschungsarbeit finden konnte. Alle diese Apps haben eine Gemeinsamkeit: Sie sollen mit Hilfe dieser Apps angeblich 1.000 Wörter pro Minute lesen können, riskieren jedoch dabei Verständnisverlust und Übelkeit. Das Urteil lautet also: Die RSVP-Technologie ist nicht das, was sie zu sein vorgibt.

Ein im Jahr 2000 von der University of Manchester in England veröffentlichtes Konferenzpapier kam zu dem Schluss, dass es genau diesen Kompromiss gebe. Das Konferenzpapier bestätigt, dass diese Technik das Durchstöbern und Durchsuchen von Informationen erleichtert, allerdings mit Einbußen in Bezug auf das Verständnis verbunden ist. Das menschliche visuelle Informationsverarbeitungssystem setzt dieser Technik Grenzen, und das Paper ergänzt, dass es noch vieles zu verstehen gebe, bevor man diese Technik auf breiter Basis in praktischen Anwendungen einsetzen könne.

Vermeiden Sie eine Regression durch eine verbesserte Konzentrationsfähigkeit

Alle diese Praktiken, insbesondere die effektiven, setzen voraus, dass Sie während des Lesens keine Pausen oder Rückschritte machen. Wenn Sie das Ende einer Seite oder die Hälfte eines Artikels erreichen und feststellen, dass Sie das Gelesene nicht verstanden haben, müssen Sie normalerweise zurückgehen und es erneut lesen. In ähnlicher Weise zwingt Sie das Auftauchen eines Wortes, an das Sie sich nicht erinnern können, dazu, anzuhalten und auf die Technik zurückzugreifen, die Sie als Kind verwendet haben: Sie lesen diese Textpassage erneut, um den Kontext des Wortes zu erkennen und so zu verstehen, was es bedeutet. Bei schwierigeren Lektüren geschieht dies häufiger.

Jordan Harry, der bereits erwähnte Unternehmer und Verfechter der Effektivität der Speed-Reading-Methode, macht dafür eher eine nachlassende Konzentration als ein mangelndes Textverständnis verantwortlich. Ablenkungen verursachen eine nachlassende Konzentration mehr als alles andere, selbst wenn wir denken, dass wir aufmerksam gelesen haben. Ganz egal, ob es ein Kommentar von einer Person ist, die sich im selben Raum befindet, eine SMS, die auf Ihrem Telefon erscheint oder ein Gedanke, der plötzlich in Ihrem Kopf auftaucht: Wir lassen uns oft viel leichter und häufiger ablenken, als wir zugeben möchten.

Wie können Sie das ändern? Sie können damit beginnen, Ihr Interesse an dem, was Sie gerade lesen, wieder zu wecken. „Wenn unser Gehirn abschweift, liegt das daran, dass wir passiv geworden sind. Wir müssen neugierig sein", sagt Harry. Werden Sie aktiv neugierig – zapfen Sie Ihr inneres Kind an, das sich immerzu „Aber was bedeutet das?" und „Wer ist das?" fragt. Andere von Harry empfohlene Fragen sind „Wonach suche ich?" und „Welche Schlüsselwörter und Zahlen muss ich finden?". Sie können auch alle paar Minuten in sich gehen und sich einfach fragen: „Was habe ich bis jetzt gelernt?"

Fixieren Sie sich nicht

Neben der Regression ist die andere schlechte Angewohnheit, die es zu vermeiden gilt, die Fixierung. Dies geschieht, wenn unsere Augen an einem Wort oder einer Phrase hängen bleiben, die wir auf einer Seite lesen. Die Fixierung geht oft Hand in Hand mit der Regression und führt dazu, dass wir an zufälligen Stellen verweilen, was unsere Lesegeschwindigkeit behindert. Anstatt zurückzugehen und alles noch einmal zu lesen, friert die Fixierung uns ein, während wir darüber nachdenken, was ein Wort oder ein Satz bedeutet. Harry verweist hierbei wieder auf die Meta-Guiding-Methode. Sie sei ein nützliches Werkzeug während des Lesens, um unsere Lesegeschwindigkeit beizubehalten, sagt er. Oft merken wir nicht, dass wir zu schnell oder zu langsam lesen, bis es zu spät ist und wir entweder unsere Lesegeschwindigkeit oder das

Textverständnis verloren haben. Harry empfiehlt die Meta-Guiding-Methode ebenfalls, um unsere Augen dazu zu zwingen, schneller zu lesen.

Eine weitere schlechte Angewohnheit, auf die Sie beim schnelleren Lesen achten sollten, ist das unkontrollierte Lesen. Was ist damit gemeint? Nun, unkontrolliertes Lesen bedeutet, dass Sie nicht bewusst mit einer bestimmten Geschwindigkeit lesen. Das kann sowohl in die schnellere als auch in die langsamere Richtung funktionieren. Wenn Sie sich in ein Buch vertiefen und die Seiten immer schneller umblättern, weil Sie vom Text gefesselt sind, handelt es sich hierbei um ein unkontrolliertes Leseverhalten. Wenn Ihr Lesefluss zum Stillstand kommt und Sie sich durch jeden Satz quälen, um zu versuchen, den Überblick zu behalten, dann ist das ebenfalls ein unkontrolliertes Leseverhalten. Teilweise ist das normal, da sich natürlich manche Texte schneller oder langsamer lesen lassen. Der Trick dabei ist, zu versuchen, die Lesegeschwindigkeit zu regulieren und ein Gleichgewicht zwischen Geschwindigkeit und Mäßigung aufrechtzuerhalten, wenn der Text dies erfordert. Ein Artikel auf der Website *Develop Good Habits* räumt mit dem Irrglauben auf, dass beim Speed Reading die Geschwindigkeit im Vordergrund stünde, und ermutigt dazu, den Fokus auf die Kontrolle zu legen. Der Geschwindigkeitsaspekt steuert einen Teil der Art und Weise, wie wir lesen, und ist eine ergänzende Fähigkeit, nicht jedoch die eigentliche Quintessenz des Schnelllesens.

Ignorieren Sie unwichtige Wörter

Derselbe Artikel mit dem Titel „How to Read Faster: 9 Steps to Increase your Speed in 2020" bietet dieselben Ratschläge, die wir bereits kennen: Reduzierung der Subvokalisation, Festlegung einer Ausgangsbasis, Meta-Guiding, Minimierung der Augenbewegungen, Überfliegen und Scannen sowie die Bereitschaft, Ihre Lesegeschwindigkeit zu trainieren und zu analysieren. Dieser Artikel enthält jedoch noch einen weiteren interessanten Ratschlag, der oftmals übersehen wird: Überspringen Sie kleine, unwichtige

Wörter. Ausgehend von der Prämisse, dass eine zusätzliche Zeitersparnis von dreißig Sekunden pro Seite auf lange Sicht anderthalb Stunden ausmacht, schlägt der Artikel vor, kleine Wörter wie Artikel und Präpositionen zu überspringen. Sie wissen schon, Wörter, die Ihnen bei einer Partie Scrabble viel mehr nützen würden. Die Logik dahinter besagt, dass der Beitrag dieser Wörter zum Gesamttext bestenfalls minimal ist. In den seltenen Fällen, in denen sie notwendig sind, füllt der Kontext des Satzes die Lücke in der Regel für Sie aus. Nehmen Sie z. B. den letzten Satz und entfernen Sie die kleinen Wörter: in, den, in, denen, der, des, die, in, der, für. Eine Verringerung von 22 Wörtern auf zwölf scheint nicht sehr bedeutend zu sein, aber wenn jeder Satz fast um die Hälfte gekürzt wird, ist das von Bedeutung. Sie können jeden Satz etwa doppelt so schnell durchgehen und die Essenz dessen, was er vermittelt, beibehalten.

Wenn diese Vorgehensweise aus irgendeinem Grund für Sie nicht funktioniert, drehen Sie sie doch einfach um. Anstatt die weniger nützlichen Wörter zu eliminieren, konzentrieren Sie sich darauf, die Schlüsselwörter in einer Lektüre zu finden. Denken wir einen Moment an die grundlegende Grammatik zurück und finden wir das Subjekt sowie das Verb eines Satzes. Ein Satz besteht fast immer aus mehr als nur diesen Bestandteilen, es sei denn, Sie nehmen zum Beispiel den einfachen Satz „Ich rannte". Das Identifizieren der Satzteile gibt Ihnen wichtige Hinweise. Wenn Sie einen Satz lesen, der mit „Der Autor zeigte" beginnt, wird Ihr Blick auf den entscheidenden dritten Teil des Satzes, das Objekt, gelenkt. Was zeigte der Autor? Das Erkennen der drei Bausteine eines Satzes wird Ihnen dabei helfen, den Satz schneller zu verarbeiten und sich auf den Inhalt des Satzes zu konzentrieren. Wenn Sie möchten, kann eine weitere grammatikalische Analyse Ihnen helfen, Haupt- und Nebensätze zu identifizieren, sodass Sie schneller zum Kern eines Satzes gelangen.

Auch ohne jegliche grammatikalischen Kenntnisse oder Beurteilung eines Satzes können Sie es wie Abby Marks Beale machen und einfach auf Wörter achten, die mehr als nur der Satzstruktur dienen. Sie gibt ihren Lesern einen Absatz vor und sagt ihnen, dass sie ihn wie gewohnt lesen sollen. Dann weist sie sie an, nur die fettgedruckten Wörter zu lesen. Ihr Auge wird sich natürlich auf sie konzentrieren, aber nicht auf Kosten der anderen, weniger wichtigen Wörter. Sie sehen sie zwar immer noch, sagt Beale, aber Sie lesen sie nicht und beginnen damit den Prozess, Ihr peripheres Sehen zu erweitern. Hier ist der Absatz, den ich soeben erwähnt habe, im englischen Original.

„The **best way** to achieve this is to **read key words** and/or **phrases**. Key words are the **bigger, more important words** in a **sentence, just like** the **headlines** of a **newspaper provide** the **essence** of the **content. Learning** to **stop** your **eyes** on the **words** that are **typically three letters** in **length** or **longer** and **those which carry** the **most meaning** of a **sentence** are **keywords**."

Beale bietet auch hier eine Alternative an. Anstatt Wörter herauszupicken, schlägt sie vor, Wortgruppen herauszupicken, die einen Gedanken bilden. Sie bietet einen weiteren Absatz an, der zwei Sätze mit Schrägstrichen enthält, die Gedanken trennen. Sie fordert den Leser auf, den Absatz durchzugehen und dabei die Schrägstriche beim ersten Mal zu ignorieren und beim zweiten Mal zu berücksichtigen. Diese Methode und die oben genannten stellen aktive Lesemethoden dar, die vom Leser verlangen, dass er sich darauf konzentriert, was er liest und wie sich seine Augen über die Seite bewegen. Hier ist das zweite Beispiel, ebenfalls im englischen Original.

„Additionally, sentences contain groups of words/ that form a thought./ Looking for these thought groups/ encourages a wider visual swath/ while gaining higher understanding/ of the material."

Wie bei allen anderen Dingen auch, benötigen Sie auch bei diesen Techniken ein wenig Zeit, um sie zu erlernen. Mit der richtigen Hingabe und Übung können Sie sie jedoch schnell übernehmen und für sich selbst nutzen. Es geht darum, Ihre Augen und Ihr Gehirn darauf zu konditionieren, auf bestimmte Weise zu agieren und auf bestimmte Reize zu reagieren.

Zusammenfassung des Kapitels

- Bevor Sie mit dem Lesen beginnen, setzen Sie sich ein Ziel und behalten Sie es im Hinterkopf, während Sie lesen. Dies erinnert Sie daran, warum Sie lesen, und hilft Ihnen dabei, nach Wörtern und Sätzen zu suchen, die Ihrem Ziel dienlich sind.
- Die Skimming-Methode unterstützt Sie dabei, da Sie mit Hilfe dieser Technik weniger wichtige Abschnitte überfliegen können. Zudem kann die Skimming-Methode Ihnen ebenfalls eine Vorschau auf die Dinge geben, die Sie gerade lesen.
- Beim Überfliegen wird die Subvokalisation zu einem Hindernis für eine schnellere Lesegeschwindigkeit. Aber anstatt sich darauf zu konzentrieren, die Subvokalisation zu stoppen, sollten Sie versuchen, eine neue Gewohnheit zu entwickeln, um die Subvokalisation zu ersetzen. Lesen Sie Gruppen von Wörtern statt einzelner Wörter. Indem Sie drei, vier, fünf oder wie viele Wörter auch immer auf einmal aufnehmen, können Sie die Zeit reduzieren, die Sie für jedes einzelne Wort aufwenden.
- Es gibt mehrere Taktiken, die Ihnen helfen, diese Fähigkeit zu entwickeln. Steven Frank setzt auf vereinfachte Spalten, um Ihre Augen darauf zu trainieren, nur der mittleren Spalte zu folgen, während Sie die linke und rechte Spalte trotzdem noch lesen können.
- Ron Cole erreicht ein ähnliches Ziel mit seiner bekannten „Eye-Hop"-Methode, bei der er vom ersten Wort zum zwei-

ten, dann zum dritten, vierten und fünften springt. Er behauptet, dass seine Leser entweder beim vierten oder fünften Eye-Hop einen Durchbruch erleben werden, da Ihr Gehirn in der halben Sekunde, die Ihr Auge braucht, um vom ersten zum letzten Wort zu springen, einfach nicht jedes Wort dazwischen aussprechen kann. Nichtsdestotrotz verstehen Sie dennoch die wesentliche Aussage der Wortgruppe.

- Bei der Meta-Guiding-Methode wird Ihre Augenbewegung über die Seite geführt und Ihr Lesefluss reguliert, indem sie Ihre Lesegeschwindigkeit standardisiert. Verwenden Sie Ihren Finger, einen Kugelschreiber, einen Bleistift oder etwas anderes, um Ihre Augen zu führen.
- Experten lieben diese Technik, insbesondere Jordan Harry, der im Alter von erst 20 Jahren zum Unternehmer wurde und StudyFast aufbaute, ein Unternehmen mit Sitz in Großbritannien, dessen Chief Executive Officer er ist. StudyFast hat die Grundprinzipien des Schnelllesens übernommen und so angepasst, dass die fast 15.000 Kunden des Unternehmens in 147 Ländern lernen können, schneller zu lesen.
- Auch Jim Kwik ist ein Fan der Meta-Guiding-Methode. Laut Kwik ist diese Methode sehr effektiv, weil sie seiner Meinung nach eine natürliche Sache ist, die wir Menschen von Natur aus tun. Kinder praktizieren diese Methode von sich aus und auch Sie selbst praktizieren Sie unbewusst. Hierbei handelt es sich um einen biologischen Instinkt aus der Zeit, in der wir Menschen noch Jäger und Sammler waren und in der es überlebenswichtig war, sich auf Bewegungen zu konzentrieren. Kwik weist ebenfalls auf die inhärente Verbindung zwischen Sehen und Tasten hin, ähnlich wie bei Geschmack und Geruch, und führt das Braille-Lesesystem als Beispiel an. Er erweitert Ihr Bewusstsein für alles, was beim Lesen eine Rolle spielt, und listet auch Dinge auf, die Ihnen bei der Steigerung Ihrer Lesegeschwindigkeit helfen können. Beginnen Sie damit,

Ihre Augen untersuchen zu lassen und möglicherweise eine Lesebrille zu tragen. Zu den weiteren Empfehlungen gehört, dass Sie in einem kühlen Umfeld lesen, um Ihre Konzentrationsfähigkeit zu schärfen, dass Sie Ihr Umfeld mit Hilfe von Ankern positiv gestalten, um Ihr Unterbewusstsein anzuregen, dass Sie wenn möglich bei natürlichem Licht lesen, dass Sie Musik hören, die etwa der Geschwindigkeit eines natürlichen Herzschlags von 60 Schlägen pro Minute entspricht, dass Sie eine gute Körperhaltung einnehmen, dass Sie ausreichend Wasser trinken und dass Sie Ihr ganzes Gehirn benutzen.

- Viele neue Software-Lösungen oder innovative Apps setzen auf Rapid Serial Visual Presentation (RSVP). Indem die Wörter nacheinander an einer Stelle auf dem Bildschirm platziert werden, müssen Ihre Augen nicht mehr über die Seite wandern, was Ihre Lesegeschwindigkeit erhöhen kann. Diese Methode kann jedoch zu einer Überlastung Ihres Arbeitsgedächtnisses führen und Ihre Merkfähigkeit beeinträchtigen.

- Die RSVP-Technologie ist eine dieser Modeerscheinungen, die während der 2010er Jahre entstanden. Es gibt zahlreiche Varianten dieser Technik und jede von ihnen rühmt sich damit, die Wunderwaffe für schnelles Lesen zu sein. Apps, die auf diese Technik setzen, sind Spreeder, Reedy, Read Me!, Speed Reading, Speed Reader, Quick Reader, Focus-Speed Reader, Seven Speed Reading App, Outread, und Acereader iPad. Diese Apps können Ihnen dabei helfen, schneller zu lesen, jedoch handelt es sich hierbei um eine Art Betrug, da die Texte in den Apps keine richtigen Texte sind und da Ihnen immer nur ein einziges Wort auf einmal gezeigt wird.

- Wie bei jeder Anleitung gibt es auch hier Dinge, die Sie vermeiden sollten. Eine Regression tritt dann auf, wenn Sie im Text zurückgehen und noch einmal lesen, was Sie gerade erst gelesen haben. Dadurch wird Ihr Lesefluss verlangsamt. Laut Jordan Harry ist der Grund für die

Regression eine Konzentrationsschwäche. Seine Abhilfe? Wecken Sie Ihr Interesse an den Dinge, die Sie gerade lesen. Wenn Sie neugierig auf Ihren Lesestoff sind, dann vermeiden Sie damit Ablenkungen und verhindern zudem passives Lesen.

- Es kann Ihren Lesefluss unterbrechen, wenn Sie sich auf bestimmte Sätze oder Wörter fixieren. Harry empfiehlt die Meta-Guiding-Methode, um Ihre Augen in Bewegung zu halten.
- Konzentrieren Sie sich darauf, Ihre Lesegeschwindigkeit zu kontrollieren, und werden Sie nicht zu schnell oder zu langsam. Die durchschnittliche Lesegeschwindigkeit ist für das Speed Reading entscheidend. Es bringt nichts, bestimmte Abschnitte mit 1.000 Wörtern pro Minute zu lesen, wenn Sie beim nächsten Abschnitt nur 200 Wörter pro Minute schaffen. Dadurch sinkt Ihr Durchschnitt deutlich auf 600 Wörter pro Minute. Dies ist zwar eine schnelle Lesegeschwindigkeit, entspricht jedoch nicht unbedingt dem Ziel, das Sie sich gesetzt haben.
- Überspringen Sie unwichtige Wörter, damit Sie die Sätze schneller durchgehen können. Einige Wörter sind zwar grammatikalisch notwendig, tragen aber inhaltlich nicht wirklich viel zu einem Satz bei, besonders wenn der Kontext mehr als ausreicht. Kleine Wörter wie da, so, zu, der/die/das und andere stehen Ihren Bemühungen, Zeit zu sparen, nur im Weg. Dies ist eine andere Fähigkeit und es braucht Zeit, um sie zu entwickeln, sie kann Ihnen jedoch bei Ihrem Ziel, schneller zu lesen, behilflich sein.
- Umgekehrt können Sie sich auf Schlüsselwörter konzentrieren, um Ihr Textverständnis zu erleichtern. Oft ist es einfacher, etwas Positives zu tun, als etwas Negatives nicht zu tun.
- Außerdem können Sie Teile von Sätzen in Gedanken zusammenfassen, um den Satz in weniger Teile zu zerlegen, die Sie verstehen müssen, und so die Fähigkeit Ihres Auges nutzen, mehrere Wörter auf einmal aufzunehmen.

BEWÄHRTE SPEED READING TECHNIKEN

- Wenn Sie Grammatik hassen, dann hat Abby Marks Beale eine Methode für Sie, mit der Sie die wichtigen Wörter von selbst erkennen. Konzentrieren Sie sich auf das Lesen von Wörtern mit drei oder mehr Buchstaben und bewegen Sie sich so schnell wie möglich vorwärts. Sie schlägt außerdem vor, Wörter in einzelne Gedanken zu gruppieren. Diese vier, fünf oder wie viele Wörter auch immer können als eine große Wortgruppe verarbeitet werden und gehören auf natürliche Weise zusammen. Auf diese Weise werde es Ihnen ihrer Meinung nach leichter fallen, Sätze in kleineren Teilen zu verstehen.

Diese Tipps helfen Ihnen dabei, die Lesegeschwindigkeit zu verbessern. Im nächsten Kapitel erfahren Sie mehr über ergänzende Fähigkeiten, die Sie beim Leseverständnis besser unterstützen. Denn was nützt es Ihnen, schnell zu lesen, wenn Sie den Inhalt nicht verstehen? Jeder kann schnell durch die Seiten blättern. Ein wahrer Meister wird die Inhalte, die er liest, obendrein fast vollständig begreifen.

KAPITEL SECHS:

Leseverständnis

Haben Sie schon einmal gedankenlos durch die Seiten eines Buches geblättert, das Sie eigentlich gar nicht lesen wollen? Vielleicht ein Lehrbuch oder Buch, das Ihnen vorgegeben wurde? Nun, das ist genau das, was Sie tun werden, wenn Sie versuchen, schnell zu lesen, ohne sich dabei auf das Textverständnis zu konzentrieren. Es besteht ein erheblicher Unterschied zwischen dem mechanischen Lesen mit hoher Geschwindigkeit um des Lesens willen und dem Verständnis dessen, was Sie lesen. Gleichermaßen besteht ein Unterschied zwischen dem Lesen eines Textes und dem Begreifen desselben. Beim Speed Reading sollte Ihr Ziel nicht sein, so schnell wie möglich durch den Text zu kommen, besonders wenn Sie eine neue Fähigkeit erlernen. Es ist wichtig, dass Sie den Text, den Sie konsumieren, verstehen, vor allem, wenn Sie einen Wissenszuwachs anstreben.

Dies mag zwar seltsam oder kontraintuitiv klingen, doch eine Taktik, die beim Leseverständnis hilft, besteht darin, mehr zu tun als nur die Wörter auf der Seite zu lesen. Visualisieren Sie die Dinge, die Sie lesen. Visualisierung und dynamisches Verständnis gibt es wirklich und das bedeutet, dass Sie beim Lesen visuelle Bilder formen sollten, anstatt die Wörter in Ihrem Kopf zu wiederholen oder sich selbst geistig „zuzuhören". Wenn Sie es schaffen, dies zu tun, werden Sie viel erfolgreicher beim Lesen. Wenn Sie gerade eine Geschichte lesen, sollten Sie sich vorstellen, sich „innerhalb" der Geschichte zu befinden. Wenn Sie Fakten lesen und sich zum Beispiel über ein neues mechanisches Gerät informieren, können Sie sich beim Lesen tatsächlich vorstellen, wie dieses Gerät funktioniert. Die Visualisierung bildet die Grundlage des menschlichen Seins. Das Sehen ist eine für uns Menschen wichtige Fähigkeit und ein Werkzeug, das wir zu unserem Vorteil nutzen können.

Auf der anderen Seite lernen wir, Sprache als Werkzeug zu benutzen, was sie für die menschliche Entwicklung etwas unnatürlich macht. Es bedarf einer bewussten und absichtlichen Anstrengung, um die Sprache in unser Arsenal von Fähigkeiten als menschliche Wesen aufzunehmen. Unterschiedliche Gruppen von Menschen an unterschiedlichen Orten auf der Welt entwickelten die Sprache als eine Reihe von Zeichen und Symbolen, um zu kommunizieren oder um Informationen aufzuzeichnen. Diese Zeichen, Symbole und Klänge haben eine willkürliche Beziehung zu ihren Bedeutungen, weshalb es so viele verschiedene Sprachen gibt. Es ist diese willkürliche Natur, die es schwierig macht, Sprachen zu erlernen, auch wenn wir eine angeborene Fähigkeit haben, sie zu lernen, um zu kommunizieren. Wir sind ständig am Übersetzen, um Sprache zu verstehen.

Um beim Speed Reading die Inhalte effektiv zu verstehen, müssen Sie in ähnlicher Weise die Sprache der Wörter in die Sprache des Geistes „übersetzen", nämlich in die der Visualisierung. Wenn Sie diesen etwas abstrakten Prozess in Ihre Lesepraxis integrieren können, werden Sie feststellen, dass Ihr Leseverständnis um 30 % oder mehr steigt. Indem Sie also den mechanischen Aspekt des Lesens mit dem des menschlichen Verstandes „auf einen Nenner" bringen, können Sie sowohl die Lesegeschwindigkeit als auch das Leseverständnis maximieren. Sie werden feststellen, dass sich Ihre Lesegeschwindigkeit schnell verdreifacht und Sie sich alles, was Sie lesen, auch effektiv merken können.

Das scheint ein besonders hochgestecktes Ziel zu sein. Können Sie wirklich den Punkt erreichen, an dem Sie mehr als 900 Wörter pro Minute lesen und trotzdem jedes einzelne Wort behalten? Lassen Sie sich von dem Versuch, alles zu behalten, nicht beirren. Wenn Sie versuchen, das gesamte Buch auswendig zu lernen, werden Sie wahrscheinlich keinen Erfolg haben. Während einige Leute das Schnelllesen auf die Spitze treiben, gibt es andere, die versuchen, das Einprägen der Inhalte auf die Spitze zu treiben. Wenn Sie nicht über ein eidetisches Gedächtnis, auch bekannt als fotografisches Gedächtnis, verfügen, werden Sie scheitern, selbst, wenn es knapp werden sollte. Höchstwahrscheinlich werden Sie frustriert sein und darüber nachdenken, aufzugeben, weil Sie Ihre Zeit und Ihren Lesestoff nicht voll ausgeschöpft haben. Wenn Sie lesen, um sich Wissen anzueignen, tun Sie das nicht, um sich einen vollständigen Überblick über das Gelesene zu verschaffen, sondern um mentale Modelle in Ihrem Kopf zu bilden. Ein mentales Modell ist im Wesentlichen die Weltanschauung eines bestimmten Konzepts, unabhängig davon, ob es funktioniert und mit der physischen Realität übereinstimmt oder nicht. Wenn Sie also lesen, entwickeln Sie entweder ein Verständnis für ein neues Konzept oder Sie korrigieren Ihr Verständnis eines alten Konzepts, wodurch Ihre bisherige Sichtweise nuancierter und komplizierter wird. Wenn Sie sich durch mehr Bücher arbeiten, werden Sie feststellen, dass die Inhalte oft redundant sind. In der Tat werden mehrere Bücher die gleichen, sich überschneidenden Informationen enthalten. Autoren aus der gleichen Kategorie werden oft aufeinander verweisen oder sich gegenseitig zitieren. Diese Redundanz wird die Informationen in Ihren Kopf einprägen und automatisch Ihre Probleme mit dem Behalten lösen. Konzentrieren Sie sich also einfach darauf, mehr Bücher durchzulesen und hören Sie niemals damit auf.

Es kann Ihren Lesefluss verlangsamen, wenn Sie die Bedeutung eines Wortes nicht kennen, was Ihre Bemühungen, zügig durch die Lektüre zu kommen, noch schwieriger macht. Eines der Geheimnisse, um dieses Problem zu überwinden, mag zwar offensichtlich erscheinen, erfordert jedoch eine Anstrengung: Die Erweiterung Ihres Wortschatzes wird die Menge an Wörtern, die Sie leicht verstehen können, vergrößern, doch dazu benötigen Sie den Fleiß, neue Wörter in den täglichen Gebrauch einzubauen. Je größer Ihr Wortschatz ist, desto weniger müssen Sie innehalten und die Bedeutungen unbekannter Wörter nachschlagen. Lernen Sie die Bedeutungen neuer Wörter, wenn Sie Zeit dafür haben. Dies wird sowohl Ihre Lesefähigkeiten als auch Ihre allgemeine Intelligenz steigern. Genauso wie Sie sich ein Ziel für Ihre Lesegeschwindigkeit setzen, könnten Sie sich ein Ziel setzen, eine bestimmte

Anzahl von Wörtern pro Tag oder Woche zu lernen. Wenn Sie beispielsweise drei neue Wörter pro Tag zu Ihrem Wortschatz hinzufügen, werden Sie schon bald feststellen, dass sich Ihr Repertoire an Wörtern stark erweitert hat. Es gibt viele ausgezeichnete Methoden, um ein neues Wort pro Tag zu lernen. Ich zum Beispiel benutze den „Word Genius Word of the Day"-E-Mail-Verteiler. Wenn Sie zwei, drei oder wie viele dieser Dienste auch immer nutzen, hilft Ihnen das dabei, Ihren Wortschatz von Tag zu Tag zu erweitern. Auf diese Weise werden Sie immer weniger Wörter finden, die Sie beim Lesen nicht verstehen, was automatisch Ihre Lesegeschwindigkeit erhöht.

Ein Trick, der sich weniger für Ihre allgemeine Lesegeschwindigkeit und mehr für die Steigerung der Behaltensleistung während des Lesens eignet, ist das „Erinnerungs-Spiel". Halten Sie am Ende jeder Seite eines Buchs oder am Ende einiger Absätze in einem Artikel inne und rufen Sie sich in Erinnerung, was Sie gerade gelesen haben. Schreiben Sie ein paar Schlüsselwörter an den Rand, um zusammenzufassen, was Sie gerade gelesen haben. Diese Vorgehensweise ist aus mehreren Gründen hilfreich. Erstens nehmen Sie die Informationen auf der Seite wieder auf. Dieser bewusste Akt des Behaltens wird Ihr Leseverständnis fast automatisch erhöhen. Zweitens zeigt die Wiedergabe der Informationen in Ihren eigenen Worten, dass Sie die Informationen verstanden haben und dass Sie sie bis zu einem gewissen Grad beherrschen. Jede dieser Techniken stellt einen Aspekt des aktiven Lesens dar. Indem Sie Dinge tun, wie z. B. sich zu erinnern, Pausen zu machen oder sich Notizen zu machen, anstatt die Informationen nur auf passive Weise aufzunehmen, beschäftigen Sie sich eingehender mit Ihrem Lesestoff.

Die vielleicht wichtigste Überlegung und der wichtigste Faktor für das Leseverständnis ist die Umgebung, in der Sie versuchen zu lesen. Befinden Sie sich an einem ruhigen Ort, an dem Sie sich konzentrieren können? Oder sind Sie irgendwo, wo es laut und lärmend ist und wo es mehr Ablenkungen gibt, als Sie verkraften können? Es gibt einen Grund, warum es in Bibliotheken so ruhig ist und die Bibliothekare diese Ruhe so hartnäckig durchsetzen. Es ist viel einfacher, sich zu konzentrieren und sich nicht ablenken zu lassen, wenn um Sie herum nicht viel los ist. Ein Zugeständnis, das ich allerdings machen werde, ist jedoch, dass in einer ruhigen Umgebung jedes Geräusch und jede Ablenkung verstärkt wird. Wenn jemand niest oder sich an einem Bücherregal stößt, was auch immer die Geräuschquelle sein mag, wird er mit Sicherheit von den anderen Anwesenden gehört werden und einen ärgerlichen Blick ernten. Dennoch sind diese wenigen Ablenkungen leichter zu ignorieren. Verglichen mit einem Café oder Ihrer morgendlichen Fahrt mit dem Zug oder Bus ist eine Bibliothek ein Refugium der Stille. Das heißt nicht, dass es unmöglich ist, sich zu konzentrieren, wenn Sie sich in einer solchen Umgebung befinden, aber es ist wesentlich schwieriger. Sie brauchen viel mehr Disziplin und Eigenmotivation, um sich nicht ablenken zu lassen. Achten Sie darauf, wo Sie sich befinden und welche Art von Person Sie sind, wenn es an der Zeit ist, sich zu konzentrieren. Finden Sie eine Umgebung, die für Sie am besten funktioniert, und lesen Sie dort so viel wie möglich.

Genauso wie Sie die externen Ablenkungen, die Sie nicht unbedingt kontrollieren können, einschränken sollten, sollten Sie diejenigen, über die Sie die volle Kontrolle haben, eliminieren. Manche Menschen lesen gerne mit einer Art Hintergrundgeräusch, wie Musik oder Umgebungsgeräuschen. Das kann zweifellos hilfreich sein, da Sie diese Geräusche willentlich ausblenden können. Wenn dies für Sie funktioniert, ermutige ich Sie dazu, diesen Tipp auszuprobieren bzw. zu übernehmen. Achten Sie jedoch darauf, welchen Einfluss das Gerät, das Sie nutzen, auf Ihre Produktivität hat. Unsere technischen Geräte wie Smartphones, Tablets, Computer und so weiter haben in der heutigen Zeit so viele Funktionen. Die Chancen stehen gut, dass auf jedem Gerät, auf dem Sie Musik oder Umgebungsgeräusche abspielen, irgendeine Art von Benachrichtigung abgespielt wird, die Ihre Aufmerksamkeit erfordert. Ich verstehe, dass Sie manchmal auf dem Laufenden sein müssen. Sie sollten aber dennoch versuchen, diese lästigen kleinen Unterbrechungen so gut es geht auszuschalten oder zu ignorieren. Widmen Sie sich ausschließlich dem Lesen und blenden Sie die Geräusche unserer digital vernetzten Welt für eine gewisse Zeit aus. Diese Vorgehensweise wird Ihnen nicht nur dabei helfen, sich zu konzentrieren, sondern sie wird Ihnen auch eine Zeitspanne der Meditation verschaffen, in der Sie Ihr Gehirn von der ständigen Stimulation abschirmen. Vielleicht werden Sie feststellen, dass Sie zu diesem Zweck genauso viel lesen wie um des Lesens willen. Sie werden auch feststellen, dass Sie einen größeren Teil des Inhalts verstehen, wenn Sie sich voll und ganz auf das Lesen konzentrieren.

Wenn Sie Ihr Leseverständnis herausfordern, stärken Sie es wie jede andere Übung auch, die dazu dient, einen bestimmten Muskel zu trainieren und wachsen zu lassen. Dies gilt unabhängig davon, ob Sie sich auf die Lesegeschwindigkeit oder auf das Leseverständnis konzentrieren. Natürlich ist es Ihnen erlaubt, mit reduzierter Geschwindigkeit zu lesen, wenn Sie eine schwierige oder neue Lektüre in Angriff nehmen. In der Tat würde ich Sie sogar dazu von Zeit zu Zeit ermutigen. Auf diese Weise können Sie, wenn Sie Dinge lesen, die Sie bereits kennen, Ihre Lesegeschwindigkeit erhöhen, ohne dass Ihr Leseverständnis darunter leidet. Ihr Leseverständnis zu trainieren, unterstützt Ihr Speed-Reading-Ziel nicht direkt, fördert jedoch Ihr gesamtes Lesevermögen sowie Ihre Fähigkeit, sich an Informationen zu erinnern, wenn Sie Speed-Reading-Techniken anwenden.

Zusammenfassung des Kapitels

- Es gibt einen Unterschied zwischen schnellem Lesen, um einen Text schnell durchzugehen, und schnellem Lesen, das sich auch auf das Einprägen des Inhalts konzentriert.
- Die Visualisierungs-Methode kann Ihnen beim Einprägen von Inhalten helfen, indem sie eine breitere Perspektive der Informationen aufbaut und sich die visuelle Natur des Menschen zunutze macht.

- Versuchen Sie nicht, alles zu behalten. Selbst die besten Schnellleser oder Leser im Allgemeinen können sich nicht an die Gesamtheit dessen erinnern, was sie lesen. Vielmehr behalten sie einen Prozentsatz davon, welcher bei den besten Schnelllesern zwischen 60 und 85 Prozent liegt. Stattdessen bilden diese Schnelllese-Experten funktionierende mentale Modelle, die ihr bisheriges Leseverständnis verbessern, oder sie entwickeln sogar neue Methoden.
- Erweitern Sie Ihren Wortschatz, um die Anzahl der Wörter zu reduzieren, die Sie beim Lesen nicht kennen.
- Spielen Sie das „Erinnerungs-Spiel". Halten Sie ab und zu innerhalb eines Textes inne und erinnern Sie sich an die Dinge, die Sie gerade gelesen haben. Wenn Sie wollen, können Sie sich einige Notizen am Rand machen. Wenn Sie auf diese Art und Weise aktives Lesen betreiben, fördern Sie ein größeres Verständnis für das Gelesene, da die Verarbeitung der Inhalte von großer Bedeutung ist. Denken Sie an sich selbst und Ihre Aufmerksamkeitsspanne. Versuchen Sie, in einer Umgebung zu lesen, die Ihren Eigenschaften und Ihren Zielen beim Lesen entspricht.
- Fordern Sie Ihr Leseverständnis heraus, wann immer Sie können, sowohl bei hoher Geschwindigkeit als auch bei normaler Geschwindigkeit. Das Lesen mit der Absicht, mehr aus dem Text herauszuholen, hilft Ihnen dabei, Ihre Lesegeschwindigkeit zu verbessern, auch wenn es nicht unbedingt Ihre Lesegeschwindigkeit erhöht. Wenn Sie Ihr grundlegendes Leseverständnis trainieren, ist das Merken des Inhaltes beim Schnelllesen leichter zu bewerkstelligen.

Dieses Kapitel sollte Ihnen auf Ihrem Weg zu einem besseren Leseverständnis geholfen haben. Im folgenden Kapitel erfahren Sie, warum Sie einen Teil Ihrer Freizeit zum Lesen nutzen sollten, besonders wenn Sie es als mühsam empfinden. Denn je mehr Sie lesen, desto besser werden Sie darin, vor allem, wenn Sie aktiv und konzentriert lesen. Das ist besonders wichtig, wenn Sie daran arbeiten, Ihre Lesegeschwindigkeit zu erhöhen.

KAPITEL SIEBEN:

Lesen Sie mehr in Ihrer Freizeit, um schneller zu lesen

Einigen Menschen fällt es viel leichter, sich mit Dingen zu beschäftigen als anderen. Andernfalls würden wir alle Teil einer professionellen Sportmannschaft sein oder ein Symphonieorchester dirigieren oder vielleicht den nächsten großen Roman schreiben. Die Realität ist jedoch, dass einige Menschen von Natur aus besser in manchen Dingen sind als andere. Deshalb werden Sie mich nie sehen, wie ich versuche, Lebron James zu decken, wenn er sich zum Korb vorarbeitet. Es würde mir eine enorme Anstrengung abverlangen, mich in diesem Szenario nicht vollständig zu blamieren, selbst wenn ich es wollte. Ähnlich verhält es sich mit dem Lesen: Wenn Sie das Lesen als anstrengend empfinden, werden Sie es natürlich nicht gerne tun. Wenn Sie jedoch mehr lesen wollen, müssen Sie mehr Zeit damit verbringen, Bücher zu lesen, die Sie mögen und interessant finden. Doch das ist noch nicht alles. Wenn Sie Lesestoff auswählen, der leicht zu verstehen ist, können Sie verhindern, dass Sie Ihre Motivation verlieren. Damit sollten Sie zumindest beginnen. Denken Sie daran, dass es Ihre Merkfähigkeit beim Speed Reading verbessern kann, wenn Sie Ihr eigenes Leseverständnis herausfordern. Es gibt jedoch einen Grund, warum beim Erlernen einer neuen Sprache empfohlen wird, Kinderbücher zu lesen. Kinderbücher lassen sich schnell durchlesen, es ist leicht, der Geschichte zu folgen, und sie enthalten Wörter, die Sie wahrscheinlich schon kennen, auch wenn sie in einer anderen Sprache sind. Aus den gleichen Gründen können Sie mit schnell zu lesenden Büchern wie Harry Potter beginnen, um Ihr Selbstvertrauen und Ihre Freude am Lesen zu steigern.

Der Linguist Stephen Krashen, der als Pionier auf dem Gebiet des Zweitspracherwerbs von großer Bedeutung ist, führte umfangreiche Forschungen über die verschiedenen Formen durch, mit denen Menschen neue Sprachen lernen. Er führte den Wechsel von früheren regelfokussierten Ansätzen zu bedeutungsfokussierten Ansätzen an, insbesondere zum kommunikativen Sprachunterricht, welcher heute der etablierteste Ansatz ist. Darüber hinaus entwickelte er eine umstrittene, jedoch bekannte Input-Hypothese für das Sprachenlernen. Diese Hypothese besagt, dass man beim Erlernen einer neuen Sprache große Mengen an Input auf einem verständlichen Niveau aufnehmen muss. Die Übertragung auf normales Lesen ohne den Erwerb neuer Sprachkenntnisse liegt darin, dass es zu schwierig ist, die Motivation zum Weiterlesen aufrechtzuerhalten, wenn Sie weniger als 95 % des Textes verstehen. Wenn Sie darüber nachdenken, macht diese Annahme durchaus Sinn. Wenn Sie Schwierigkeiten haben, etwas zu verstehen, macht Ihnen das Lesen keinen Spaß und Sie werden frustriert oder Sie lesen einfach nicht weiter. Wenn Sie ein konkretes Beispiel brauchen: Erinnern Sie sich an ein besonders verworrenes Buch, das Sie möglicherweise im Englischunterricht gelesen haben, und an die Themen, Motive und Charakterentwicklungen, auf die Ihr Lehrer klugerweise hingewiesen hat und die Sie einfach übersehen haben. Oder vielleicht haben Sie einen Artikel aus einer anspruchsvollen Publikation in die Hand genommen und sich in den Nuancen eines bestimmten Themengebiets verloren, über das Sie sehr wenig wissen.

Auch dies scheint viel leichter gesagt als getan. Akzeptieren Sie, dass Absicht und Handlung zwei sehr unterschiedliche Dinge sind und dass das eine das andere nicht bedingt. Manchmal wird aus einer Absicht keine Handlung. Manchmal liegt es an mangelnder Motivation, ein anderes Mal an mangelndem Wissen. Gegen Ersteres kann ich nicht viel tun, aber um Letzterem zu begegnen, finden Sie hier einige Vorschläge, um mehr zu lesen:

Konzentrieren Sie sich darauf, eine Gewohnheit zu entwickeln. Lesen ist eine Fähigkeit – und Fähigkeiten brauchen Zeit, um sich zu entwickeln, sie entstehen nicht einfach über Nacht. Wenn Sie gerade erst anfangen, sollten Sie vor allem daran denken, die Gewohnheit zu etablieren. Sorgen Sie dafür, dass Ihre Erwartungen realistisch sind und dass Sie sich nicht zu weit vorwagen. Beziehen Sie Ihre Erwartungen darauf, wo Sie sich gerade befinden, nicht unbedingt darauf, wo Sie ankommen wollen, und setzen Sie sich erreichbare Ziele. Wenn Sie sich unrealistische Ziele setzen, dann wird es nicht klappen. Wenn Sie Ihre Ziele nicht erreichen, werden Sie sich entmutigt fühlen und Sie riskieren, die Gewohnheit komplett aufzugeben, bevor Sie sie wirklich etablieren können. Konzentrieren Sie sich also zuerst darauf, die Gewohnheit aufzubauen. Sagen Sie sich, dass Sie eine Stunde am Tag lesen werden, egal was passiert. Oder wenn Ihnen das zu ehrgeizig erscheint, dann beginnen Sie mit einer Viertelstunde pro Tag. Auf diese Weise arbeiten Sie sich bis zu Ihrer Ziel-Lesezeit vor. Es ist besser, mehrere kleine Ziele zu erreichen als wenige große. Zwar geben Ihnen die kleinen Ziele nicht so viel momentane Befriedigung, doch sie werden langsam, aber sicher Ihr Selbstvertrauen und Ihre Fähigkeiten vergrößern. Sobald Sie einen gewissen Schwung aufgebaut haben, werden Sie merken, dass Ihnen das Lesen immer leichter fällt.

Senken Sie die Einstiegshürde. Wir Menschen haben die Kunst der Prokrastination gemeistert. Dies mag seltsam klingen, wenn man bedenkt, dass Prokrastination bedeutet, nichts zu tun und die Dinge aufzuschieben, die Sie tun sollten. Wir lassen uns einen Grund nach dem anderen einfallen, um etwas nicht zu tun, selbst wenn wir es besser wissen. Um diese Angewohnheit zu bekämpfen, müssen wir den Widerstand beseitigen. Eine Möglichkeit, dies zu tun, besteht darin, uns den Start dieser Aktivität zu erleichtern. Machen Sie sich das Lesen so einfach, dass es fast unvermeidlich wird. Entwickeln Sie Routinen, die Sie zum Lesen verleiten. Lesen Sie z. B. eine gewisse Zeit, wenn Sie am Ende des Tages nach Hause kommen, denn Lesen kann Ihr Gehirn entspannen. Motivieren Sie sich auf die eine oder andere Weise zum Lesen. Gibt es eine bestimmte Tätigkeit, die Sie gerne tun oder die Sie gerne zu einem bestimmten Zeitpunkt des Tages durchführen? Vielleicht sehen Sie abends gerne fern oder essen ein Dessert nach dem Abendessen? Wenn Sie vor dieser Tätigkeit ein wenig lesen, könnte Ihnen das eine zusätzliche Befriedigung verschaffen und sie noch enger an das Lesen binden. Auch wenn Sie das Gefühl haben, dass Ihr Fernsehkonsum Ihrem Lesefortschritt in die Quere kommt, so würde es Ihr schlechtes Gewissen darüber, lieber fernzusehen als zu lesen, deutlich verringern, wenn Sie vorher ein wenig lesen würden. Wenn Routinen oder Anreize für Sie nicht funktionieren, dann können Sie ein Ersatzbuch oder einen Kindle in Ihrem Badezimmer oder an einem anderen Ort aufbewahren und immer dann ein wenig lesen, wenn gerade Leerlaufzeit ist. Auf diese Weise können Sie sich jeden Morgen mindestens fünf bis zehn Minuten Zeit zum Lesen nehmen. Ein anderer Trick ist, das Buch, das Sie lesen möchten, auf der Couch liegen zu lassen – und zwar aufgeschlagen auf der Seite, auf der Sie sich gerade befinden. Sie müssten sich aktiv entscheiden, nicht zu lesen und das Buch wegzulegen, während Sie umgekehrt einfach nur das Buch in die Hand nehmen müssten, um zu lesen. Wenn es eine geringere Einstiegshürde als diese geben sollte, dann kann ich sie mir nicht vorstellen.

Eine weitere geringe Hürde haben Sie sich geschaffen, wenn das Buch, das Sie in die Hand nehmen, eines ist, das Sie wirklich gerne lesen. Entscheiden Sie sich für Bücher, die Ihnen Spaß machen, sodass Sie sich gerne die Zeit zum Lesen zu nehmen. Überlegen Sie, welche Themen Sie am meisten interessieren. Vielleicht gibt es bestimmte Personen, die Sie bewundern oder denen Sie im öffentlichen Leben folgen. Autobiographien über diese Menschen könnten Sie dazu ermutigen, mehr über diese Personen zu erfahren. Bücher über das Leben dieser Menschen könnten Sie dazu bringen, diese Bücher regelrecht zu verschlingen, während Sie gleichzeitig mehr über ihre Kindheit, Erziehung, Ausbildung und vielleicht das eine oder andere Geheimnis ihres Erfolgs erfahren. Gibt es bestimmte Dinge, die Sie sich schon immer gefragt haben, aber die Sie nie wirklich recherchiert haben? Ich garantiere Ihnen, dass es ein Buch darüber gibt, wenn Sie nur lange genug suchen.

Nutzen Sie Ihre Lektüre als eine Möglichkeit, Ihre Neugier zu stillen, und sorgen Sie dafür, dass das Lesen für Sie zu einem wahren Vergnügen wird.

Wenn Sie sich in der Mitte eines Buches befinden, das Sie nicht mögen, wechseln Sie das Buch, wenn es sein muss. Scheuen Sie sich nicht, ein Buch unvollendet zu lassen und mittendrin ein anderes Buch anzufangen. Sie müssen sich nicht dazu verpflichten, jedes Buch, das Sie lesen, auch zu beenden. Schließlich ist das Leben zu kurz, um ein schlechtes Buch zu lesen, und zum Glück können Sie selbst entscheiden, was ein schlechtes Buch ist. Wenn Sie dazu neigen, sich bei dem einen oder anderen Buch zu langweilen, können Sie etwa drei bis fünf Bücher in Ihrem aktiven Stapel der Bücher haben, die Sie gerade lesen. Es gibt keine allgemeingültige Regel, die besagt, dass Sie immer nur ein einziges Buch von Anfang bis Ende lesen müssen. Sie können mehrere Bücher für unterschiedliche Stimmungslagen oder Gemütszustände haben. Wenn Sie feststellen, dass es Ihnen gerade schwerfällt, ein bestimmtes Buch zu lesen, dann greifen Sie zu einem Buch, das Ihnen mehr Spaß macht. Auf diese Weise können Sie sogar mehr wichtige Bücher lesen, je mehr Sie üben.

Bevor Sie sich mit besonders schwierigen Büchern mehr vornehmen, als Sie schaffen können, fangen Sie lieber mit einfacheren Büchern an und arbeiten Sie sich nach und nach zu schwierigeren Büchern vor. Wenn es ein wirklich schwieriges Buch gibt, das Sie lesen möchten, beginnen Sie damit, leichter verständliche Kommentare oder verwandte Bücher zu lesen, die Sie mit dem Thema, den Ideen und dem Vokabular vertraut machen. Recherchieren Sie das Buch und den Autor, um ein Gefühl für die Art der von ihm verwendeten Sprache zu bekommen. Dadurch erhalten Sie ein gewisses Hintergrundwissen, das Ihnen die Lektüre des schwierigeren Buches erleichtern wird. Inhaltliches Wissen ist ein großer Bestandteil des flüssigeren und effizienteren Lesens. Wenn Sie also beim Lesen eines Buches Schwierigkeiten haben, kann das einfach bedeuten, dass Sie mehr Hintergrundwissen benötigen, um den Inhalt richtig zu verarbeiten. Wenn Sie sich Bücher aussuchen, die Sie lesen wollen, ist das Wichtigste, dass die Bücher das richtige Niveau für Sie haben. Auch wenn es in der Schule als Schummeln galt, ist absolut nichts daran verkehrt, Spickzettel oder andere Zusammenfassungen oder Synopsen zu verwenden, die Ihnen dabei helfen, den Überblick über das Gelesene zu behalten. Auf diese Weise haben Sie die richtige Erwartungshaltung und die richtige Vorstellung in Bezug auf den Lesestoff und können die Sache ganz anders angehen.

Bauen Sie zuerst Ihr Fundament auf. Wenn Sie sich mit dem Lesen eines Buches besonders schwertun, nehmen Sie sich die Zeit, alle Wörter nachzuschlagen, die Sie nicht verstehen, suchen Sie die entsprechenden Begrifflichkeiten auf Wikipedia oder googeln Sie die Namen, Geschichten und Figuren, die Sie nicht kennen. Diese Vorgehensweise wird zwar anfangs mehr Zeit in Anspruch nehmen, doch sie wird Ihnen schließlich dabei helfen, den Rest des Buches viel schneller zu lesen.

Zusammenfassung des Kapitels

- Lesen fällt manchen Menschen leichter, doch das bedeutet nicht, dass nicht jeder ein guter Leser sein kann. Je mehr Sie etwas tun, desto besser werden Sie darin, und so ist es auch beim Lesen.
- Die Input-Hypothese von Krashen besagt, dass Sie, wenn Sie weniger als 95 % eines gegebenen Textes verstehen, es schwieriger finden werden, diesen Text weiterhin zu lesen. Wählen Sie Bücher bzw. Lesestoff aus, der leicht für Sie zu verstehen ist.
- Fangen Sie klein an und konzentrieren Sie sich darauf, eine Gewohnheit aufzubauen, bevor Sie sich ehrgeizigere Ziele setzen.
- Senken Sie die Einstiegshürde, indem Sie sich selbst den Beginn Ihres Leseprozesses erleichtern. Legen Sie Bücher an Orte, an denen Sie sie nicht übersehen können, oder lesen Sie Dinge, die Ihr Interesse wirklich wecken.

- Lesen zum Vergnügen lässt das Lesen weniger wie eine Pflicht erscheinen und mehr wie etwas, das Sie gerne tun. Wählen Sie Themen oder Autoren, die Sie mögen. Dies ist kein Projekt für die Schule, bei dem Sie ein Ihnen zugewiesenes Buch lesen müssen. Sie haben die Qual der Wahl in dieser Angelegenheit.
- Sie müssen nicht jedes Buch von vorne bis hinten lesen. Sie können zwischen den verschiedenen Kapiteln hin- und herwechseln oder aufhören zu lesen, wann immer Sie wollen.
- Fangen Sie klein an und arbeiten Sie sich dann hoch. Sie sollten nicht gleich mit schwierigen Büchern beginnen. Beginnen Sie mit solchen, von denen Sie wissen, dass Sie sie mit der gewünschten Geschwindigkeit und dem gewünschten Leseverständnis lesen können, und versuchen Sie dann solche Bücher zu lesen, die etwas schwieriger sind, bevor Sie sich dem schwierigsten Buch widmen, das Sie lesen möchten.
- Bauen Sie Ihre Grundlage auf, indem Sie ein wenig recherchieren, bevor Sie mit dem Lesen beginnen. Egal, ob es sich um wichtige Handlungspunkte oder einen Überblick über einen Artikel handelt. Ein wenig Vorarbeit, bevor Sie beginnen, wird Ihnen längerfristig helfen.

Wenn Sie mehr lesen, kommt allerdings ein kleines Detail hinzu. Es wird Ihnen schwerfallen, den Überblick über Ihren Lesestoff zu behalten. Das nächste Kapitel wird Ihnen einen Einblick geben, wie Sie dies auf effektive Art und Weise tun können. Ich stelle Ihnen im Folgenden mehrere Taktiken und Strategien vor, von denen Sie diejenige auswählen können, die Ihnen am besten gefällt. Wenn Sie sie zusätzlich persönlich anpassen, wird diese Ihr Ziel, schneller zu lesen, vorantreiben und sicherstellen, dass Sie auch weiterhin Fortschritte machen.

KAPITEL ACHT:

Nachverfolgung Ihrer Lesefortschritte

Wenn Sie mehr lesen, wird dies Ihr Selbstvertrauen mit Sicherheit stärken. Aber wie ich schon sagte, wird Ihre Lesegeschwindigkeit dadurch nur begrenzt beeinflusst, wenn Sie nicht aktiv Ihre Fortschritte verfolgen und versuchen, sich zu verbessern. Um Ihre Lesegeschwindigkeit wirklich zu erhöhen, so wie ich es Ihnen versprochen habe, müssen Sie sich ernsthaft und fleißig mit Ihrem Speed-Reading-Training beschäftigen. Dazu gehört, dass Sie sich Ziele setzen und Ihren Fortschritt verfolgen.

Versuchen Sie, konsequent Abschnitte mit der gleichen Wortzahl zu lesen und messen Sie Ihre Ergebnisse. Berechnen Sie Ihre Lesegeschwindigkeit anhand der Formel in Kapitel Vier. Steigern Sie sich langsam, um immer schneller zu werden. Setzen Sie sich ein Ziel, wie viele Seiten oder Wörter Sie pro Minute lesen wollen, und üben Sie so lange, bis Sie dieses Ziel erreichen. Die Weiterentwicklung Ihrer Lesefähigkeiten ist der Schlüssel zu geistigem und beruflichem Wachstum. Aber denken Sie daran, dass Sie die Freude am Lernen nicht verlieren dürfen. Erfolg und Weiterentwicklung sollten auch Spaß machen. Wenn Sie keinen Spaß an der ganzen Sache haben, dann führt das zu Unmut, doch wenn Ihnen eine Aktivität Spaß macht, dann lernen Sie schnell. Studien zeigen immer wieder, dass wir mehr lernen und schneller Fortschritte machen, wenn wir das, was wir tun, genießen. Aus diesem Grund finden Sie hier einige Möglichkeiten, um Ihren Lesefortschritt zu verfolgen und motiviert zu bleiben.

Goodreads

Nutzen Sie die Vorteile von Goodreads. Wenn Sie gerne lesen und noch kein Goodreads-Konto haben, müssen Sie das ändern. Sofort! Goodreads ist im Grunde eine Social-Media-Plattform für Bücher. Sie können neue Bücher entdecken, nachverfolgen, was Sie gerade lesen und was Sie bereits gelesen haben, und Sie können mit anderen durch Buchbesprechungen, Kommentare, Gruppen und mehr interagieren. Ich verbringe viel mehr Zeit auf Goodreads, als ich sollte, und es ist meine Lieblingsmethode, um den Überblick über all die Dinge zu behalten, die ich gelesen habe oder noch lesen möchte.

Goodreads verfolgt Ihre Lernerfolge für Sie jedes Jahr. Sie können sich ein Ziel setzen, und jedes Mal, wenn Sie ein Buch als gelesen in diesem Jahr markieren, aktualisiert Goodreads Ihren Fortschritt, sodass Sie immer wissen, wo Sie in Bezug auf Ihre Lesefortschritte stehen. Goodreads veröffentlicht zudem jedes Jahr einen Lesebericht für Sie, sodass Sie eine coole Grafik bekommen, die Ihren Leseprozess grafisch darstellt.

Trello

Erstellen Sie ein Trello-Board. Trello ist ein Produktivitätstool, das für viele Bereiche verwendet werden kann, von der Schule über die Arbeit bis hin zum normalen Alltagsleben. Sie können damit Reisen planen, Ideen organisieren, To-Do-Listen für den Haushalt koordinieren – und natürlich Ihre Lesefortschritte nachverfolgen. Wenn Sie daran interessiert sind, Trello auszuprobieren: Das Online-Tool ist völlig kostenlos und sehr vielseitig.

Pinterest

Pinterest können Sie für ähnliche Zwecke verwenden. Pinterest verfügt nicht ganz über dieselben Funktionalitäten wie Trello, kann Ihnen jedoch wie Goodreads dabei helfen, Ihre Ziele zu verfolgen, und zwar mit einem Board aus Bildern, Ideen und Gedanken. Wie auch in den sozialen Netzwerken können Sie sich die Boards, die andere Leute posten, zur Inspiration ansehen und anhand von Bildern selbst protokollieren, was Sie gelesen haben oder was Sie noch lesen wollen. Es gibt einige interessante und berühmte Personen auf Pinterest. Schauen Sie sich deren Konten oder Bücher an, wenn Sie Inspiration brauchen.

Tabellenkalkulationen

Erstellen Sie eine benutzerdefinierte Tabellenkalkulation, um Ihre Lesefortschritte zu protokollieren. Unabhängig davon, ob Sie Ihre Tabelle online (z. B. mit Google Sheets) oder offline in Microsoft Excel führen, sind Tabellenkalkulationen eine großartige Möglichkeit, um Ihre Leseziele und alle gelesenen Bücher festzuhalten. Wenn Sie Google Sheets verwenden, können Sie diese auch mit Ihrer Familie teilen, sodass jedes Familienmitglied seine Lektüre auf einer einzigen Plattform nachverfolgen kann. Tabellenkalkulationen sind eine großartige Möglichkeit, um Ihre Leseziele tatsächlich zu visualisieren. Sie können ein Tabellenkalkulations-Lesetagebuch verwenden, um nachzuverfolgen, was Sie jedes Jahr lesen, welche Bücher Sie kaufen und wie Sie bei jeder Herausforderung abschneiden. Es wird Ihr Vertrauen in Ihre Lesefortschritte stärken, wenn Sie sehen, wie sich die Liste erweitert, besonders wenn Sie Ihre Ziele als freundschaftlichen Wettbewerb zwischen Freunden oder Familienmitgliedern ansehen. Doch das ist noch nicht alles: Mit Hilfe von Tabellenkalkulationen können Sie herausfinden, welche Bücher Sie mögen und welche nicht oder wie lange Sie brauchen, um diese Bücher durchzuarbeiten. Und wenn Sie besonders geschickt in Tabellenkalkulationen sind, können Sie sogar Diagramme, Grafiken und Tabellen über Ihren Leseprozess erstellen. Leseprotokolle auf Papier wären genauso hilfreich, aber nicht ganz so informativ.

Stift und Papier

Wenn Sie eine Abneigung gegen Technik haben, können Sie all dies auch mit einem Stift und Papier erledigen, sei es in einem Planer oder als lose Blätter. Planer bieten in der Regel einige zusätzliche Seiten am Ende sowie zusätzlichen Platz auf jeder Kalender- oder Tagebuchseite, sodass es viele Optionen gibt, um Ihre Lektüre zu verfolgen.

Wenn Ihnen diese Möglichkeiten nicht gefallen oder Sie etwas Physisches in Ihrem Leben brauchen, können Sie Ihren Nachttisch zu Ihrer Leseliste machen. Bewahren Sie die Bücher, die Sie gerade lesen oder lesen wollen, neben Ihrem Bett auf Ihrem Nachttisch auf. Es kann schwer sein, den Überblick über eine Leseliste zu behalten, besonders wenn es sich um eine mentale Liste handelt. Auch physische Listen auf Papier oder einem Bildschirm können schwer zu überwachen sein.

Natürlich spielen alle diese Tipps und Tricks keine Rolle, wenn Sie Ihre Ziele nicht im Auge behalten. Achten Sie beim Lesen darauf, dass Sie Ihre Lesegeschwindigkeit protokollieren. Protokollieren Sie, wie viel Fortschritt Sie in Richtung Ihres aktuellen WPM-Ziels machen.

Zusammenfassung des Kapitels

- Es gibt viele verschiedene Möglichkeiten, um Ihre Lesefortschritte zu verfolgen. Es ist weniger wichtig, welche Sie wählen, als dass Sie es tun.
- Manche Leute sind einfach wahnsinnig schlau und können ihre Lesefortschritte im Kopf verfolgen. Doch das ist nicht für jeden realistisch.
- Goodreads ist eine hervorragende Möglichkeit, um den Überblick über Ihre Lektüre zu behalten, da es sich um eine Social-Media-Plattform handelt, die sich mit Büchern beschäftigt. Diese Plattform besitzt alle Vorteile eines

Buchclubs, jedoch ohne die regelmäßigen Treffen, potenziell nervige Mitglieder und die Tatsache, dass Sie Bücher lesen müssen, die für Sie ausgewählt wurden. Sie können dokumentieren, welche Bücher Sie gelesen haben und sie anschließend bewerten. Außerdem haben Sie die Möglichkeit, sich mit Freunden auszutauschen und sich zudem von Empfehlungen inspirieren zu lassen.
- Trello kann ebenfalls ein nützliches Werkzeug sein. Diese kostenlose und vielseitige Anwendung kann sowohl für Ihre Lesefortschritte als auch für alle anderen Dinge, die Sie in Ihrem Leben organisieren müssen, verwendet werden.
- Die Erstellung von Tabellen, um Ihre Lesefortschritte zu protokollieren, kann einen freundschaftlichen Wettbewerb zwischen Ihnen und Ihren Freunden ermöglichen und Ihnen dabei helfen, Ihre gelesenen Bücher besser zu visualisieren. Außerdem können Sie, wenn Sie gut sind, tatsächliche visuelle Darstellungen Ihrer Leseleistung in Form von Diagrammen, Graphen und Tabellen erstellen.
- Es ist nichts falsch an gutem, altmodischem Papier. Besorgen Sie sich einen Planer oder schaffen Sie in Ihrem aktuellen Planer Platz für Leseprotokolle oder Notizen.
- Wenn alle anderen Tipps und Tricks fehlschlagen, verwenden Sie Ihren Bücherstapel als Ihre Leseliste. So haben Sie eine konkrete Möglichkeit, um Ihren Fortschritt zu verfolgen. Wenn der Stapel kleiner wird, werden Sie möglicherweise dazu ermutigt, sich mehr Bücher aus dem Buchladen oder Ihrer örtlichen Bibliothek zu holen.

Bis zu diesem Kapitel haben Sie alle Grundlagen des Schnelllesens kennengelernt. Damit haben Sie einen soliden Start auf Ihrem Weg zur Steigerung Ihrer Lesegeschwindigkeit. In Kapitel neun tauchen wir tiefer in die Techniken ein, die die meisten erfahrenen Schnellleser verwenden. Skimming und Scanning können die beiden Methoden sein, mit denen Sie Ihre Lesegeschwindigkeit am schnellsten und einfachsten steigern können.

KAPITEL NEUN:

Die Skimming- bzw. Scanning-Methode

Wir haben die Skimming- sowie die Scanning-Methode kurz besprochen, doch hierbei handelt es sich um so nützliche Techniken, dass sie ein eigenes Kapitel verdient haben. Leider hat die Überfliegen-Methode einen schlechten Ruf. Nur wenige Menschen erkennen sie als eine Lesefertigkeit an, sondern betrachten sie eher als das Gegenteil. Viele Menschen halten Skimming/Scanning für ein Werkzeug, um das Lesen zu vermeiden, oder einfach für eine Methode, um herauszufinden, ob es sich lohnt, einen Artikel oder ein Buch komplett zu lesen. Doch das ist schlichtweg falsch. Skimming/Scanning sind nicht annähernd so passiv. Wie Sie in diesem Kapitel feststellen werden, sind beides schwierige, willentlich ausgeführte Handlungen, die eine Menge Können erfordern, um sie richtig zu beherrschen.

Skimming ist ein Prozess des schnellen Lesens, bei dem die Sätze einer Seite visuell nach Hinweisen auf die Kernidee durchsucht werden. Dies kann bedeuten, dass Sie den Anfang und das Ende eines Satz lesen, um zusammenfassende Informationen zu erhalten, und dass Sie optional zudem den ersten Satz jedes Absatzes lesen, um schnell festzustellen, ob Sie noch nach weiteren Informationen Ausschau halten müssen. Dies hängt jedoch von der Fragestellung bzw. dem Zweck der Lektüre ab. Diese Textteile sind am wichtigsten, weil sie Ihnen am meisten über den Inhalt des Buches bzw. des Artikels verraten. Die Einleitung gibt Ihnen einen Vorgeschmack auf die Dinge, die Sie erwarten können, und bereitet Sie zudem auf das vor, worum es schließlich in dem Text gehen wird. Ähnlich wie die Einleitung sagt Ihnen der erste Satz eines Absatzes im Allgemeinen, worum es in diesem Absatz genau geht. Dieser erste Satz legt den Grundstein für die folgenden Hauptaussagen bzw. gibt Ihnen eine Vorstellung davon, was Sie erwarten können. Die Schlussfolgerung wird, vorausgesetzt der Autor ist gut, den Inhalt nochmals prägnant zusammenfassen. Eine gute Schlussfolgerung sollte die wichtigsten Punkte kurz und bündig rekapitulieren und Ihnen aufzeigen, warum Sie Ihre Zeit gut investiert haben. Außerdem wird Ihnen eine gute Schlussfolgerung weitere Ideen mit auf den Weg geben, über die Sie nachdenken können.

Zwei Techniken, bei denen Sie zuerst nur nach den wichtigsten Informationen suchen, bereiten Sie auf das vor, was danach kommen wird. Da Sie bereits mit den wichtigsten Teilen des Textes vertraut sind, werden Sie nicht durch verwirrende oder überraschende Teile aufgehalten, wenn Sie beim Lesen darauf stoßen. Denken Sie daran, dass das Überfliegen und Scannen zwar am besten bei Sachbüchern funktioniert, jedoch auch bei Belletristik angewendet werden kann. Überfliegen Sie bei einem Roman jedes Kapitel und achten Sie auf die Entwicklung der Charaktere, die wichtigsten Dialogstellen und die wichtigsten Punkte der Handlung. Lesen Sie diese Teile dann in einem schnelleren Tempo als Sie es normalerweise tun würden. Auch wenn Sie diese Abschnitte zweimal lesen, so lesen Sie dennoch insgesamt schneller, da Sie die wichtigsten Dinge bereits beim ersten Durchlesen mitbekommen haben. Beim zweiten Lesedurchgang nehmen Sie dann weitere Details auf, die Sie beim ersten Überfliegen übersehen haben. Diese zwei Lesedurchgänge sollten ausreichen, um alle relevanten Informationen zu analysieren. Bei besonders schwierigen Büchern kann auch ein dritter Lesedurchgang durchaus sinnvoll sein.

„Okay, das klingt toll!", sagen Sie. „Aber wie mache ich es?" Hier ist eine Schritt-für-Schritt-Anleitung, wie Sie einen Text überfliegen können. Skimming – das Überfliegen von Texten, ohne alle Wörter zu lesen – läuft darauf hinaus, zu wissen, welche Teile Sie lesen und welche Sie überfliegen sollten. Im Folgenden finden Sie einige Tipps und Techniken, um beim Überfliegen erkennen zu können, welche Informationen wichtig und lesenswert sind.

Kennen Sie Ihr Ziel

Bevor Sie mit dem Überfliegen beginnen, sollten Sie sich die Frage stellen, was Sie aus dem Text herauslesen wollen. Überlegen Sie sich zwei oder drei Begriffe, die mit dem, was Sie wissen wollen, in Zusammenhang stehen, und halten Sie beim Überfliegen nach diesen zwei oder drei Begriffen Ausschau. Wenn Sie aktiv nach ihnen suchen, werden Sie sie leichter finden, als wenn Sie den Text nur passiv lesen. Zielloses Überfliegen ohne einen bestimmten Zweck ist meist fruchtlos und langweilig. Die fehlende Fokussierung auf bestimmte Begriffe führt dazu, dass Ihre Gedanken abschweifen. Dieses Gefühl ist Ihnen sicher bekannt. Skimming ist nicht dasselbe wie passives Lesen, sondern sogar das Gegenteil. Die Skimming-Methode sollte für einen bestimmten Zweck eingesetzt werden, indem Sie nach Schlüsselwörtern Ausschau halten. Zudem ist es wichtig, dass Sie sich vor der Lektüre ein paar Fragen stellen. Diese werden Ihnen nicht nur dabei helfen, herauszufinden, was Sie aus der Lektüre mitnehmen wollen, sondern wenn Ihre Fragen am Ende unbeantwortet bleiben, haben Sie auch einen guten Grund, um weitere Bücher zu lesen.

Lesen Sie vertikal

Beim Überfliegen bewegen Sie Ihre Augen genauso viel in vertikaler Richtung wie in horizontaler Richtung. Mit anderen Worten, Sie bewegen Ihre Augen genauso viel auf der Seite nach unten, wie Sie sie von Seite zu Seite bewegen. Überfliegen ist ein bisschen wie eine Treppe hinunterzurennen. Ja, eigentlich sollten Sie einen Schritt nach dem anderen machen und es ist leichtsinnig, eine Treppe hinunterzurennen, doch auf diese Weise kommen Sie schneller ans Ziel. Und was passiert, wenn Sie auf einer Treppe seitwärts laufen? Gar nichts. Doch es handelt sich hier um Lesen und nicht um eine tatsächliche Treppe. Um die Informationen zu finden, die Sie suchen, müssen Sie also gelegentlich Ihre Augen von links nach rechts bewegen. Dies ist sowohl eine Warnung vor zu viel vertikalem Lesen als auch eine Erinnerung daran, Ihre Augen so oft wie möglich vertikal zu bewegen. Wenn Sie sich zu schnell auf der Seite nach unten bewegen, wird der Grad, mit dem Sie jede Zeile verstehen, geringer. Doch wenn Sie sich nicht schnell genug nach unten bewegen, verlangsamt sich Ihre Lesegeschwindigkeit. Es ist also ein empfindliches Gleichgewicht.

Versetzen Sie sich in die Rolle des Autors

Jeder Artikel, jedes Buch und jede Webseite werden geschrieben, um eine bestimmte Botschaft zu vermitteln. Es spielt keine Rolle, ob es sich um einen akademischen Artikel handelt, der eine bestimmte Hypothese darstellen soll, oder um einen Roman, der ein spezielles Thema vermittelt. Sonst wäre es die Lektüre nicht wert. Wenn Sie die Strategien erkennen können, die der Autor verwendet, um seinen Standpunkt darzustellen, können Sie das wichtige von dem unwichtigen Material trennen. Um die Tendenzen des Autors zu erkennen, müssen Sie sich in seine Lage versetzen. Achten Sie nicht nur auf das Material, sondern auch darauf, wie er oder sie das Material präsentiert. Schauen Sie, ob Sie erkennen können, wie der Autor Hintergrundmaterial, Nebenargumente, tangentiale Informationen und einfach nur Nebensächlichkeiten platziert. Kommen die Nebensächlichkeiten vor dem eigentlichen Thema oder andersherum? Sagt der Autor es direkt und deutlich, was er zu sagen hat, oder müssen Sie es bis zu einem gewissen Grad selbst herausfinden?

Eine weitere wichtige Komponente ist das Aufgreifen von Subtext, die der Autor möglicherweise eingefügt hat und der Gedanken vermittelt, die nicht explizit genannt werden. Einige Autoren verlassen sich darauf, dass ihre Leser ihre eigenen Schlüsse ziehen und ihre eigenen Annahmen treffen, besonders bei literarischen oder kreativen Texten. Dieser Subtext kann oftmals genauso wichtig sein wie der eigentliche Text. Viele Leute denken, dass man den Subtext nur mit einem sehr fokussierten und scharfen Blick für die

Details erkennen kann, doch das stimmt nicht. Subtext kann viele verschiedene Formen annehmen. Das Wichtigste dabei ist, dass Sie dem Subtext Aufmerksamkeit schenken und dass Sie dazu in der Lage sind, diesen so zu interpretieren, wie der Autor ihn gemeint hat. Außerdem sind viele Menschen der Meinung, dass die Interpretation der allgemeinen Atmosphäre des Textes beim Schnelllesen nicht möglich ist. Auch das ist nicht wahr. Ihr Gehirn nimmt die Interpunktion auch bei einer hohen Lesegeschwindigkeit auf, und das ist der Schlüssel, um die Betonung zu entschlüsseln, die der Autor verwendet. Zu guter Letzt sollten Sie sich das Themengebiet, über das der Autor schreibt, so gut wie möglich merken und während des Lesen auf das Gesamtbild achten, das der Autor Ihnen vermitteln möchte. Auf diese Weise wird Ihr Leseverständnis erheblich verbessert. Wenn Sie den Schreibstil des Autors auf diese Weise bestimmen, können Sie die wesentlichen Dinge, die er Ihnen sagen will, leichter erkennen.

Vorablesen

Wenn Sie zum Zweck des Wissenserwerbs einen Text überfliegen, sollten Sie ihn vorablesen, bevor Sie mit dem Überfliegen beginnen. Wenn Sie z. B. einen Artikel lesen, untersuchen Sie ihn, bevor Sie ihn lesen. Indem Sie einen Artikel vor dem Überfliegen vorablesen, können Sie die Teile des Artikels bestimmen, die Ihre ungeteilte Aufmerksamkeit erfordern, sowie die Teile, die Sie überspringen können. Es mag kontraintuitiv erscheinen, da Sie den Artikel dann zweimal lesen, doch das Überspringen der Abschnitte, die nicht so viel mit Ihrem Leseziel zu tun haben, spart ziemlich viel Zeit. *Speed Reading Lounge* bietet vier Strategien, die Sie beim Überfliegen und Scannen unterstützen. Lesen Sie die wichtigsten Sätze vorab, um die Kernidee bzw. die Schlüsselidee zu verstehen, und konzentrieren Sie sich dann auf die interessantesten Abschnitte. Scannen Sie dann Namen und Zahlen, um die Details über Personen, Orte und Konzepte zu erfassen. Identifizieren Sie Triggerwörter, um nach wichtigen Phrasen und Schlüsselwörtern Ausschau zu halten. Benutzen Sie den Stift, den Sie vielleicht für die Meta-Guiding-Methode nutzen, um diese Wörter hervorzuheben. So stellen Sie sicher, dass Sie Ihr Leseziel auch wirklich erreichen. Zuletzt lesen Sie den Titel, einschließlich der Überschriften und Unterüberschriften. In der heutigen Welt der Suchmaschinenoptimierung enthält der Titel oft Schlüsselbegriffe, nach denen Sie in der Lektüre suchen sollten, während die Zwischenüberschriften Ihnen eine Vorstellung von der Struktur oder den Ankerpunkten im Text geben können. Betrachten Sie zum Beispiel genau dieses Buch. Der Titel verrät Ihnen, was Sie lesen werden und was Sie davon haben werden: *Bewährte Techniken für schnelles Lesen. Lesen Sie mehr als 300 Seiten in 1 Stunde. Ein Anfänger-Leitfaden, wie Sie schneller lesen und das Gelesene besser verstehen können (mit fortgeschrittenen Lernübungen).* Die Unterüberschrift umreißt die Struktur des Buches, die Sie vom Anfängerstatus zum Meister im Bereich des Schnelllesens unter Beibehaltung des Verständnisses führt. Eher am Rande enthält es zudem noch fortgeschrittene Lernübungen.

Wenn Sie auf diese Weise Texte vorablesen, können Sie entscheiden, welche Lesestrategie geeignet ist und ob Sie den Modus des schnellen Lesens oder des vollständigen Verstehens verwenden. In einer hilfreichen Analogie unterscheidet der Autor Mark Ways zwischen Mikrowellen- und Ofenlesen. Beim Mikrowellenlesen geht es um Inhalte, die technische Informationen, detaillierte Erklärungen, Richtlinien oder Anleitungen enthalten. In diesem Fall interessiert es Sie weniger, wie der Text geschrieben ist, als vielmehr, welche Informationen darin enthalten sind, damit Sie diese konkret im Alltag anwenden können. Das Ofenlesen entspricht im Rahmen dieser Analogie dem Backen, was mehr Zeit erfordert als in der Mikrowelle, um Dinge aufzuwärmen. Laut Ways sind z. B. Biografien, Erfolgsgeschichten oder Lebenserfahrungen Texte, die Sie vollständig verstehen möchten. Durch Überfliegen und Scannen erhalten Sie zwar die wichtigsten Kernideen, doch nur wenn Sie die Texte sorgfältiger lesen, holen Sie das meiste aus Ihrer Lektüre heraus. Wenn Sie herausfinden, welche

Bücher Sie überfliegen und scannen können, können Sie Ihre Lektüre fokussieren und Ihre Zeit sinnvoller nutzen. Wenn Sie ein Buch überfliegen bzw. scannen, obwohl es sich für diese Techniken nicht eignet, dann wird dies zu Frustration führen und Ihre Lesefortschritte behindern.

Sie werden vielleicht sagen: „Diese Methode scheint mir sehr ähnlich wie die Skimming-Methode zu sein. Worin besteht der Unterschied?" Nun, beim Vorablesen geht es darum, die Gliederung und den Aufbau eines Textes zu verstehen, bevor Sie ihn lesen. Beim Vorablesen schauen Sie sich zum Beispiel den Text an, ohne sich in die eigentlichen Absätze zu vertiefen. Sie achten auf die Kapitelüberschriften, Zwischenüberschriften sowie auf die Zusammenfassung der Kapitel. Die verschiedenen Arten des Lesens, die Mark Ways oben erwähnte, können nur nach einem gründlichen Vorableseprozess bestimmt werden. Der Zweck davon ist, so viel wie möglich über den Text zu erfahren, bevor Sie ihn überfliegen oder scannen.

Lesen Sie den ersten Satz eines jeden Absatzes

Der einleitende Satz eines jeden Absatzes beschreibt in der Regel, was im darauffolgenden Absatz folgt. Wenn Sie die Skimming-Methode anwenden, lesen Sie den ersten Satz in jedem Absatz und entscheiden dann, ob der Rest des Absatzes es verdient, gelesen zu werden. Wenn dies nicht der Fall ist, gehen Sie weiter. Dies funktioniert bei Sachbüchern viel besser, da Absätze in Romanen anders konstruiert sind und wichtige Details zur Handlung oder zur Bereicherung der Geschichte enthalten können. Es ist zudem auch hilfreich, den letzten Satz des Absatzes zu lesen, da er oft den Absatz kurz zusammenfasst und in den nächsten Absatz überleitet. Die ersten und letzten Sätze in einem Absatz sind oft die wichtigsten. Manchmal werden Sie feststellen, dass es völlig unnötig ist, zu lesen, was dazwischen steht.

Ein Artikel im Journal of Experimental Psychology testete die Effektivität der Skimming-Methode. Die Autoren führten dazu drei Experimente durch, wobei sie aussagekräftige Texte verwendeten und den Lesern nur genug Zeit gaben, um die Hälfte jedes Textes zu lesen. Das erste Experiment ergab, dass die Leser mit Hilfe der Skimming-Methode wichtige Informationen aus jedem Dokument auf Kosten von weniger wichtigen Details erhielten. Das Experiment zeigte ebenfalls, dass die Leser einige Schlussfolgerungen aus den im Text enthaltenen Informationen verpassten. Das zweite Experiment stellte fest, dass die gleiche Menge an Informationen behalten werden konnte, wenn die Leser die erste oder zweite Hälfte der Absätze lasen. Dies bestätigt, was der obige Absatz aussagt, nämlich dass die Skimming-Methode sowie das Lesen des ersten Satzes oder der ersten Hälfte des Absatzes beide gleichsam effektive Methoden für das Speed Reading sind. Die Studie fand auch heraus, dass aufgrund des website-ähnlichen Layouts der verwendeten Texte, die Skimming-Methode davon abhängt, wie die Seiten miteinander verbunden sind, was ein Hinweis auf die Leichtigkeit der Navigation durch das Dokument ist. Interessant ist, dass eine Analyse der Lesezeiten auf Basis von Seiten- und Eye-Tracking ergab, dass der Text zu Beginn der Absätze, zu Beginn einer Seite und am Anfang des Dokuments mehr Aufmerksamkeit von den Lesern erhielt. Laut den Autoren der Studie unterstütze dies die Einschätzung, dass die Skimming-Methode ausreicht, wenn man ein Dokument unter Zeitdruck durchliest.

Lesen Sie nicht unbedingt die Sätze vollständig durch

Der Sinn des Überfliegens besteht darin, dass Sie nicht jedes Wort auf der Seite lesen müssen. Wenn der Anfang eines Satzes nicht verspricht, dass der Satz Ihnen die gewünschten Informationen liefert, springen Sie einfach zum nächsten Satz. Lesen Sie die Satzanfänge in Hinblick darauf, ob sie Ihnen nützliche Informationen liefern werden. Sie brauchen z. B. **diesen** ganzen Satz nicht zu lesen und auch nicht die nächsten paar Sätze, denn es ist nur ein sinnloses Geschwafel darüber, dass Sie sich viel Zeit und Mühe erspart hätten, wenn Sie den Rest übersprungen hätten. Diese

Sätze sind überhaupt nicht nötig, und wenn Sie die ersten paar Wörter des Satzes für bare Münze nehmen, werden Sie nicht frustriert, vor allem, wenn die Sätze lang und verworren werden und Sie anfangen, ihre grammatikalische Korrektheit in Frage zu stellen; und dann tauchen auch noch Semikolons auf und Sie erinnern sich an den Schulunterricht zurück und Sie fragen sich, ob die Semikolons überhaupt richtig verwendet wurden oder nicht und schon haben Sie eine Menge Zeit vergeudet. Zum Beispiel brauchte ich für „Sie müssen diesen Satz nicht vollständig lesen" weniger als eine Sekunde, um ihn zu lesen. Ich habe jedoch etwa elf Sekunden gebraucht, um den Rest des Satzes zu lesen. In diesem Fall hat Ihnen der Satz wortwörtlich gesagt, dass Sie nicht weiterlesen müssen, doch meistens wird das nicht der Fall sein. Ein besseres Beispiel könnte der folgende Satz sein: „Die Steinzeit wurde durch die Erfindung neuer Werkzeuge definiert, als unsere Vorfahren damit begannen, Dinge aus ihrer Umwelt zu nutzen, um neue Möglichkeiten zur Erledigung ihrer täglichen Aufgaben zu entwickeln." Der erste Teil des Satzes, also der Hauptsatz, sagt Ihnen, worum es in dem Satz geht. Der zweite Teil dient nur dazu, weitere Informationen in Form eines Beispiels zu liefern. Wenn Sie den ersten Teil lesen, aber nicht den zweiten, haben Sie ungefähr dieselben Informationen erhalten, wie wenn Sie beide lesen.

Überspringen Sie Beispiele

Es gibt einige Dinge, die Sie einfach nicht lesen müssen. Autoren präsentieren oft Beispiele, um einen Sachverhalt zu beweisen, doch wenn Sie glauben, dass der Sachverhalt nicht bewiesen werden muss, können Sie das Beispiel überspringen. Ich könnte hier ein Beispiel anführen, aber Sie würden es wahrscheinlich sowieso überspringen.

Beim Skimming sollten Sie sich nicht scheuen, sich ein paar Sekunden mehr Zeit zu nehmen und das Gelesene noch einmal zu überfliegen, um sicherzustellen, dass Sie es verstanden haben. Sie sparen bereits Zeit, indem Sie den Text überfliegen, anstatt ihn gründlich zu lesen, also können Sie getrost ein kurzes Stück zurückgehen. Sie könnten auch die Vorablese-Technik anwenden, damit Sie ein wenig wissen, was Sie im Folgenden erwartet.

Zusammenfassung des Kapitels

- Entgegen der landläufigen Meinung sind Skimming und Scanning aktive Fähigkeiten, die nicht auf der Aufnahme von Informationen durch Osmose beruhen. Das heißt, es ist ein aktiver Prozess, der nicht einfach von alleine passiert.
- Beim Skimming werden bestimmte Informationen auf Kosten anderer priorisiert. Das Überfliegen eines Textes, bevor Sie ihn lesen, hilft Ihnen dabei zu erkennen, welche Informationen Ihnen weiterhelfen und welche nicht.
- Auch wenn es unproduktiv erscheinen mag, einen Text zweimal zu lesen, indem Sie ihn überfliegen und dann die Teile, die Sie für interessant halten, schnell lesen, wird Ihre Lesezeit dennoch verkürzt, weil Sie sich nicht so sehr mit Details beschäftigen müssen.
- Das funktioniert sowohl bei Belletristik als auch bei Sachbüchern. Allerdings müssen Sie beim ersten Überfliegen andere Aspekte identifizieren. Während sich Sachbücher auf Punkte stützen, die für die Argumentation hilfreich sind, besteht Fiktion aus Handlungssträngen, Dialogen, Themen oder der Charakterentwicklung. Sie könnten zum Beispiel Dinge wie Beschreibungen, besonders wenn sie besonders wortreich sind, weglassen.
- Überlegen Sie sich vorher, was Sie lesen wollen, indem Sie von einem Titel, einer Überschrift oder etwas Ähnlichem ausgehen, das Sie bereits gelesen haben. Es kann hilfreich sein, an Begriffe zu denken, die Sie lernen möchten, oder an Konzepte, die Sie besser begreifen wollen. Wenn Sie wissen, wonach Sie suchen, hilft diese Vorgehensweise immer dabei, es zu finden.

- Lesen Sie vertikal. Das heißt, bewegen Sie Ihr Auge nicht so viel von links nach rechts. Das Lesen von Wörtern in Gruppen kann hierbei sehr hilfreich sein. Achten Sie darauf, dass Sie sich vertikal nicht zu weit oder zu schnell bewegen, da Sie sonst Informationen verpassen könnten, die Sie lesen möchten und die Sie hoffentlich bereits identifiziert haben.
- Denken Sie wie der Autor. Bei Sachbüchern ist es viel einfacher, da es eine These gibt, die Sie identifizieren können, aber auch in der Belletristik ist es praktisch, herauszufinden, welchen Aspekt der Autor beleuchten möchte. Es gibt immer mindestens einen. Achten Sie darauf, was der Autor präsentiert. Wo sind die Beweise in Bezug auf die These?
- Lesen Sie vorab. Beurteilen Sie den Text. Gibt es große Absätze oder kleine? Sind die Sätze lang oder sind sie sehr kurz? Finden Sie heraus, was die Schlüsselwörter und -sätze sind. Überlegen Sie sich Leseziele oder Fragen, auf die Sie am Ende der Lektüre Antworten haben möchten.
- Lesen Sie den ersten Satz in jedem Absatz. Besonders in akademischen oder wissenschaftlichen Texten kann der erste Absatz alles enthalten, was Sie über den Inhalt des Absatzes wissen müssen. Lesen Sie auch den letzten Satz. Dieser fasst oftmals den Absatz zusammen und leitet Sie zum nächsten Absatz über.
- Lesen Sie nur dann ganze Sätze, wenn die Information Ihnen dient. Wenn die Informationen am Anfang Ihre Neugierde wecken und Sie mehr lesen wollen, tun Sie das. Doch lesen Sie keine weiteren Sätze, die Ihnen nicht viele Informationen geben. Diese Sätze dienen lediglich dazu, Sie zu langweilen, und halten Sie davon ab, zu denen überzugehen, die tatsächlich den Zweck erfüllen, den Sie vorher festgelegt haben.
- Überspringen Sie Beispiele. Vor allem, wenn Sie Satzteile wie „zum Beispiel", „beispielsweise", „als Beweis", „um dies zu demonstrieren" oder ähnliche Dinge lesen. Diese Sätze dienen lediglich dazu, die Argumente des Autors zu

unterstützen. Manchmal ist es schwer, diese Teilsätze zu identifizieren. Möglicherweise müssen Sie einfach Ihrem Bauchgefühl oder Ihrer Intuition folgen und den Rest der Absätze überspringen, auf die Gefahr hin, etwas Wichtiges zu verpassen. Die Chancen stehen jedoch gut, dass Sie nicht allzu viel verpassen. Wenn Sie zum Beispiel nur „Überspringen Sie Beispiele" gelesen hätten, hätten Sie wahrscheinlich genauso viel aus diesem Aufzählungspunkt herausgeholt, ohne den kompletten Punkt zu lesen. Allerdings wollte ich Ihnen damit zeigen, wie ein hinterhältiges, verstecktes Beispiel aussieht. Ich hoffe, Ihnen hat dieser kleine, beispielhafte Exkurs gefallen. Gern geschehen.

Herzlichen Glückwunsch! Sie sind am Ende dieses Buches zum grundlegenden Schnelllesen angelangt. Sie können nun als fortgeschrittener Schnellleser in die Welt hinausgehen und diese Tipps und Tricks selbst ausprobieren, wenn Sie möchten. Doch nun wollen Sie sicherlich wissen, wofür die restlichen Seiten in diesem Buch sind. In Kapitel Zehn finden Sie weitere geheime, fortgeschrittene Techniken, die Ihrem Speed-Reading-Prozess noch weiter verbessern werden. Lesen Sie weiter, um herauszufinden, worum es sich bei diesen fortgeschrittenen Techniken handelt. Sie sind näher dran als je zuvor, ein Schnelllese-Meister zu werden!

KAPITEL ZEHN:

Schneller lernen mit fortgeschrittenen Techniken

Vielen Dank, dass Sie bis hierher gelesen haben. Damit haben Sie den Vorsatz bewiesen, das Beste aus diesem Buch herauszuholen. Manche Leute sehen ein Kapitel mit dem Titel „Schneller lernen mit fortgeschrittenen Techniken" und hören dann auf zu lesen, weil sie sich fragen, ob das Kapitel ihre Zeit wohl wert ist, oder weil sie glauben, dass sie noch nicht fortgeschritten genug sind. Oder vielleicht haben sie bereits das bekommen, was sie sich von dem Buch erhofft haben, was ebenfalls in Ordnung ist.

Hier ist Ihre Chance, allen anderen einen Schritt voraus zu sein. Mehr Wissen zu erlangen war schon immer wichtig für den Erfolg im Leben. Doch die heutige Welt ist so schnelllebig geworden, dass zu dem Zeitpunkt, an dem Sie neue Fakten lernen, diese bereits wieder veraltet sind. Wir müssen also schneller lernen. Und die effektivste Möglichkeit, um das zu tun, besteht darin, Ihre Lesegeschwindigkeit und Ihr Leseverständnis zu verbessern.

Metakognition

Diese fortgeschrittenen Techniken erfordern einen sorgfältigen Blick auf Ihre Lesetendenzen und deren Analyse, um diese so weit wie möglich zu verbessern. Die Metakognition ist der erste Schritt zu diesem Ziel, so unzugänglich sie auch erscheinen mag. Wenn Sie wissen wollen, welche Themengebiete Sie nicht verstehen, dann sollten Sie Ihre Denkweise analysieren. Dieses Bewusstsein für Ihre Unzulänglichkeiten erlaubt es Ihnen, einen Schritt zurückzutreten und nach Möglichkeiten zu suchen, diese zu verbessern. Die Verbesserung Ihrer Sprachkenntnisse wird sich ebenfalls auf die Verbesserung Ihrer Lesefähigkeiten auswirken. Denn je besser Sie Sprache selbst anwenden können, desto besser können Sie lesen und die anderen Anwendungsgebiete erkennen, die Menschen für den gleichen Zweck verwenden. Um zum Beispiel ein Semikolon zu verstehen und zu wissen, wie man es verwendet, muss man wissen, was einen Hauptsatz ausmacht. Wenn Sie Ihre Grammatik auf diese Weise verbessern, steigert das Ihr Leseverständnis und verhindert, dass Sie verwirrt sind, wenn Autoren seltsame grammatikalische Strukturen verwenden. Dies wird zudem Ihr Selbstvertrauen stärken und Sie zu einem besseren Schriftsteller, Gesprächspartner oder öffentlichen Redner machen. Auch Ihr erster Eindruck wird durch bessere Sprachkenntnisse deutlich positiver sein.

Hier finden Sie 6 Übungen, mit denen Sie Ihre Lesegeschwindigkeit und Ihr Leseverständnis auf andere Weise verbessern können. Einige davon sind eine Wiederholung früherer Techniken, andere sind neu.

Untersuchen Sie die Aufgabe

Analysieren Sie den Lesestoff, den Sie bewältigen wollen. Überfliegen Sie zunächst den Text und halten Sie Ausschau nach den wichtigen Punkten. Erfassen Sie die Überschriften und Zwischenüberschriften, lesen Sie die ersten und letzten Absätze mehrerer Kapitel und gewöhnen Sie sich an den Schreibstil, der für jeden Autor einzigartig ist. Erfassen Sie den Wald, bevor Sie sich auf die Bäume konzentrieren. So behalten Sie nicht nur das große Ganze im Auge, sondern können auch die wichtigsten Kernideen nach einem kurzen Überfliegen ermitteln.

Stellen Sie Fragen

Entwickeln Sie beim Lesen des Textes Fragen, auf die Sie Antworten finden möchten. Erwarten Sie dann, die Antworten auf Ihre Fragen zu finden. Konzentrieren Sie sich auf Ihre Interessen sowie auf die Dinge, die Sie aus der Lektüre mitnehmen wollen.

Überspringen Sie die irrelevanten Informationen. Es ist unmöglich, sich an alles zu erinnern, was Sie lesen, also lernen Sie, die Dinge herauszuziehen, die für Ihre Bedürfnisse relevant ist. Sie wissen genau, welche Dinge Sie aus der Lektüre mitnehmen wollen. Dann haben Sie am Ende der Lektüre entweder Ihre Fragen beantwortet und etwas gelernt oder Sie haben noch mehr Fragen, was dazu führt, dass Sie noch mehr lesen werden.

Verringern Sie die Subvokalisation

Wie bereits weiter oben im Buch besprochen, kann die Subvokalisation zwar beim Leseverständnis helfen, verlangsamt jedoch die Lesegeschwindigkeit erheblich. Wenn Kinder zum ersten Mal lesen lernen, flüstern sie die Wörter oder sprechen sie leise. Auf der nächsten Stufe lesen sie leise, bewegen aber immer noch ihre Lippen, als ob sie jedes Wort sagen würden. Als Erwachsene sagen wir uns die Wörter im Geiste vor – das nennt man „Subvokalisation". Die Subvokalisation ermöglicht es uns jedoch nicht, schneller zu lesen, da wir nur so schnell sein können, wie wir sprechen. Die durchschnittliche Sprechgeschwindigkeit liegt bei etwa 150 Wörtern pro Minute, während die durchschnittliche Lesegeschwindigkeit bei etwa 200-300 Wörtern pro Minute liegt. Um schneller zu lesen, müssen wir diese innere Stimme also zum Schweigen bringen. Wie das geht? Das Hören von Musik beim Lesen hilft. Am Anfang wird Musikhören zwar Ihr Textverständnis beeinträchtigen, doch schon bald werden Sie feststellen, dass Ihre Konzentration zunimmt. Paradoxerweise wird die Musik, die Sie vorher abgelenkt hat, Ihnen dabei helfen, sich zu konzentrieren und schneller zu lesen. Denken Sie an eine Situation, bei der Sie Musik als Hintergrundgeräusch einschalten, z. B. bei der Hausarbeit, auf einer Party oder bei einer anderen Gelegenheit. In der Regel nehmen Sie die Musik zunächst wahr, doch dann nicht mehr. Sie bemerken die Hintergrundgeräusche nur noch ab und zu. Das passiert auch, wenn Sie lesen, während Musik läuft.

Lesen Sie Wortgruppen

Ich habe bereits erwähnt, dass Sie mehrere Wörter und keine einzelnen Wörter lesen sollten. Jetzt erkläre ich Ihnen, wie Sie diesen Tipp in die Praxis umsetzen. Kinder lernen das Lesen, indem sie zunächst Silben verbinden. Später verbinden sie Wörter, um Sätze zu verstehen. Doch dann entwickeln sich unsere Lesefähigkeiten nicht weiter. Es gibt jedoch noch eine weitere Ebene – das gleichzeitige Aufnehmen von Wortgruppen. Erinnern Sie sich an die Spalten aus Kapitel fünf? Schnappen Sie sich einen Stift und teilen Sie die Seite in drei Spalten ein, sodass jede von ihnen zwei bis vier Wörter in einer Reihe hat. Versuchen Sie nun, diese Wörter zusammen zu lesen, indem Sie von einer Spalte zur anderen springen. Das ist einfacher, als Sie denken. Wenn Sie einmal den Dreh raus haben, werden Sie die Spalten nicht mehr brauchen. Wir wenden einfach die gleiche Methode wie beim Verstehen von Wörtern an. Wir lesen nicht jeden Buchstaben, sondern wir erkennen das ganze Wort. Anstatt einzelne Wörter zu lesen, lesen Sie jetzt ganze Wortgruppen auf einmal.

Überprüfen Sie sich selbst

Fragen Sie sich: „Was versucht der Autor mir zu sagen? Wie unterscheidet sich dieser Text von anderen Dingen, die ich gelesen habe? Wie hängt dieser Text mit anderen Materialien zusammen, die ich kenne?" Wenn Sie den Sinn des Textes verstehen, dann beginnen Sie damit, ihn wirklich zu begreifen. Verwenden Sie diese Methode, wenn Sie während Ihrer Lektüre innehalten, anstatt den Abschnitt erneut zu lesen. Fassen Sie zusammen, was Sie gerade gelesen haben, als ob Sie von einem Lehrer während des Schulunterrichts diese Aufgabe bekommen hätten. Wenn Sie ein gutes Gefühl haben, lesen Sie weiter.

Konsumieren Sie nicht nur, sondern erschaffen Sie

Wissen ist nicht nur etwas, das Sie aufnehmen, sondern vielmehr etwas, das Sie als Lernender erschaffen. Sie entwickeln neue Sinnzusammenhänge, neue neuronale Netzwerkverbindungen und neue Muster von elektrochemischen Interaktionen. Lernen geschieht, wenn Sie Ihr neues Wissen integrieren und es dann in irgendeiner Weise anwenden, um einen neuen Arbeitsprozess zu etablieren oder etwas Neues zu erschaffen. Die praktische Anwendung Ihres neu erworbenen Wissens ist eine großartige Möglichkeit, um eine neue Fähigkeit zu üben.

Machen Sie sich Notizen und schreiben Sie von Hand. Tippen Sie Ihre Notizen nicht auf einem Computer. Während das Eintippen Ihrer Notizen in den Computer zwar toll ist, um sie für die Nachwelt zu erhalten, werden Ihre Gedanken viel effektiver angeregt, wenn Sie mit der Hand schreiben. Die einfache Handlung, einen Stift oder Bleistift zu halten und zu benutzen, mag in der heutigen Zeit altmodisch erscheinen, doch denken Sie nur an all die Visionäre, für die diese Methode in all den Jahren funktioniert hat. Doch das ist noch nicht alles. Trotz der Tatsache, dass Tippen schneller ist als handschriftliche Notizen, bietet die Multifunktionalität eines Laptops viel mehr Ablenkungen, als wenn Sie etwas von Hand schreiben. Mit einem Computer können Sie zwar kinderleicht große Mengen an Informationen notieren, jedoch braucht es nur eine Benachrichtigung, ein Geräusch oder einen verirrten Gedanken, und ein paar Klicks später befinden Sie sich geistig total woanders und sind abgelenkt. Ein Artikel von National Public Radio (NPR) zitiert eine Studie, die von Psychological Science veröffentlicht wurde. In dieser Studie wurde festgestellt, dass handschriftliche Notizen die Schüler dazu zwangen, die Dinge, die sie aufschrieben, sorgfältiger auszuwählen. Mit einem Computer kann man sich also mehr Notizen machen, doch beim Schreiben mit der Hand stehen die Chancen höher, dass Sie sich bessere Notizen machen, weil Sie die wichtigsten Informationen identifizieren, während Sie die weniger wichtigen Punkte ignorieren müssen. In der Studie wurde dies getestet, indem den Studenten TED-Talks zu verschiedenen Themen gezeigt wurden, bevor ihnen Fragen gestellt wurden, was beide Gruppen gleich gut schafften. Bei konzeptbasierten Fragen schnitten die handschriftlichen Notizen jedoch signifikant besser ab. Die Versuchung, Dinge wortwörtlich, d. h. Wort für Wort, aufzuschreiben, war bei der Verwendung eines Laptops einfach zu groß.

Dies war nur eine Hypothese, die getestet wurde, um festzustellen, ob wir uns die Informationen beim Schreiben per Hand oder per Computer besser merken können. Bei einem zweiten Testverfahren hatten die Studienteilnehmer die Möglichkeit, die Notizen, die sie zwischen der Vorlesung und dem Test gemacht hatten, zu überprüfen. Die handschriftlichen Notizen lieferten dabei immer noch die besseren Ergebnisse. Die Schlussfolgerung lautete also, dass das Anfertigen von Notizen mit der Hand eine „geistige Anstrengung" seitens des Gehirns erfordert, was das Textverständnis und die Behaltensleistung fördert. Das Tippen von Notizen induziert eine eher gedankenlose Herangehensweise, bei der man unbedingt alles Wort für Wort mitschreiben will. In dieser Studie wurde die Ablenkungsvariable entfernt, indem das Internet auf jedem Laptop abgeschaltet wurde. Selbst die fleißigsten Studenten lassen sich ablenken, und die meisten verschwenden 40 Prozent der Unterrichtszeit mit Dingen, die nichts mit der Vorlesung oder ihrer Kursarbeit zu tun haben. Eine Studie unter Jurastudenten zeigte, dass fast 90 % derjenigen, die einen Laptop hatten, diesen mindestens fünf Minuten lang für Aktivitäten nutzten, die nichts mit der Kursarbeit zu tun hatten. Vielleicht noch schockierender ist, dass 60 % die Hälfte der Vorlesungszeit abgelenkt sind. Langer Rede kurzer Sinn: Die überwältigenden Beweise deuten darauf hin, dass der altmodische Stift und ein stinknormales Blatt Papier Ihrer Behaltensleistung zugutekommen.

Skimming-Bewegungen, die von Evelyn Wood empfohlen werden

Darüber hinaus schlagen andere Experten Strategien und Techniken vor, die zu einer höheren Lesegeschwindigkeit führen, ohne das Gedächtnis zu beeinträchtigen. Viele betrachten Evelyn Wood als die Pionierin, die das Speed Reading mit ihrem Programm *Seven Day Speed Reading and Learning* populär gemacht hat. Ähnlich wie in diesem Buch verspricht sie, dass Sie Ihre Lesegeschwindigkeit verdoppeln, Ihr Leseverständnis und Ihr Erinnerungsvermögen verbessern sowie Ihre Konzentration schärfen. Außerdem wendet sie sich mit ihrem Buch an Studenten, die ihre Deadlines einhalten müssen. Sie empfiehlt ihren Lesern, mehrere unorthodoxe Handbewegungen zu machen, um die Augen beschäftigt und in Bewegung zu halten, während sie die Informationen auf der Seite durchlesen.

Bewegung 1: Modifiziertes Meta-Guiding

Legen Sie Ihre Hand flach auf die Buchseite, die Finger sind zusammen, jedoch entspannt, und bewegen Sie Ihre Hand entlang der Buchseite, so wie Sie es bei der normalen Meta-Guiding-Technik tun würden. Verwenden Sie Ihre Hand, um Ihre Augen zu führen. Der Hauptunterschied zwischen Woods Ratschlägen und der Meta-Guiding-Technik, die wir in den vorherigen Kapiteln besprochen haben, liegt darin, wie Sie zwischen den Zeilen wechseln. Wood empfiehlt, die Finger einen halben bis einen Zentimeter über der Seite zu halten, nicht mehr oder weniger, und diagonal zu der Stelle zu führen, an der die nächste Zeile beginnt, und diese Bewegung auf der ganzen Seite zu wiederholen.

Bewegung 2: S-Form

Die zweite Bewegung, die sie beschreibt, ist eine S-ähnliche Bewegung die Seite hinunter, wobei man sich fließend und ohne Sprünge zwischen den Seiten der Seite hin und her bewegt und dabei ein oder zwei Zeilen überspringt. Die Bewegungen, die Wood in ihrem Buch beschreibt, scheinen an Schwierigkeit zuzunehmen.

Bewegung 3: ?-Form

Bei der dritten Bewegung handelt es sich um eine ähnliche Bewegung wie bei der ersten, aber statt einer S-Form folgen Sie einer Linie in Form eines Fragezeichens.

Bewegung 4: X-Form

Als vierte Bewegung empfiehlt Wood, eine X-Form zu verwenden, die am oberen linken Teil der Seite beginnt und sich diagonal etwa fünf Zeilen nach unten zum rechten Rand bewegt. Sobald Sie den rechten Rand erreicht haben, bewegen Sie Ihren Finger wieder zwei Textzeilen nach oben und wiederholen die erste Bewegung in der entgegengesetzten Richtung (zum linken Rand der Seite). Anschließend bewegen Sie sich wieder zwei bis drei Zeilen nach oben und dann diagonal fünf Zeilen nach unten. Sie wiederholen diese Zick-Zack-X-Bewegungen, bis Sie den unteren Rand der Seite erreicht haben.

Bewegung 5: Die Schleife

Die fünfte Bewegung macht eine Schleife und folgt einer ähnlichen Richtung wie die X-Form, nur dass die Bewegungen hier weicher und fließender sind. Stellen Sie sich vor, Sie zeichnen eine 8. Sie machen diese Schleifen, indem Sie sich fünf Zeilen auf der Seite nach unten bewegen und ein paar Zeilen wieder nach oben kreisen (von links nach rechts und dann von rechts nach links), bis Sie den unteren Rand der Seite erreichen.

Bewegung 6: L-Form

Die letzte von ihr vorgestellte Bewegung ist die L-Bewegung, die jeden verwirren würde, der nicht weiß, wie man kursiv schreibt. Ähnlich wie bei der Schleifenbewegung bewegen Sie sich in einer Schleifenform die Seite hinunter. Anstatt sich jedoch zum rechten Rand diagonal die Seite hinunterzubewegen, lesen Sie eine Zeile normal, bevor Sie eine Schleife machen und sich auf dem Rückweg fünf Zeilen diagonal nach unten (zum linken Rand) bewegen. Für Interessierte bietet Wood noch vier weitere Methoden an, nämlich das Hufeisen, das U, den Pinsel und den Halbmond.

Eine andere ähnliche Meta-Guiding-Technik, die viel einfacher ist als die aufwendigen Handbewegungen, die Evelyn Wood verwendet, beinhaltet die Verwendung einer leeren weißen Karteikarte. Das ergibt Sinn. Die Karteikarte hilft Ihnen dabei, Ihren Blick zu fokussieren, während Sie die Wörter auf der Seite verfolgen. Diese verbesserte Fokussierung geht einher mit einer Steigerung der Merkfähigkeit. Allerdings müssen Sie dabei vorsichtig sein, um nicht versehentlich einen Rückschritt zu machen. Dazu können Sie den Rat des Artikels von *Fast Company* befolgen. Legen Sie die Karteikarte über die Zeile, die Sie lesen wollen. Dies verhindert nicht nur, dass Ihre Augen auf der Seite nach oben zurückkehren, sondern hält Sie dazu an und zwingt Sie sogar, sich weiter nach unten zu bewegen. Dies stellt eine zusätzliche Regressionsbarriere dar, da Sie die Karteikarte bewusst vom vorhergehenden Text entfernen müssen, um dort Informationen nachzulesen, die Sie bereits gelesen haben. Es gibt jedoch einen kleinen Haken bei der Sache. Diese Technik mit der Karteikarte über der Zeile eignet sich nicht so gut für das Lesen am Computer, da Sie den Arm über einen längeren Zeitraum ausstrecken müssen. Auch wenn die Karteikarte so gut wie nichts wiegt, so wird Ihr Arm dennoch schon nach kurzer Zeit ermüden und Sie davon abhalten, die Technik anzuwenden. Besser, Sie versuchen es gar nicht erst und ersparen sich den Frust. Außerdem sieht es ein wenig lächerlich aus. Wenn Sie auf Schnelligkeit aus sind, sind Sie ohnehin besser dran, wenn Sie von einem Papierdokument lesen, da Bildschirmtext Ihre Lesegeschwindigkeit um etwa 25 % verlangsamt.

Andere Meta-Guiding-Techniken

In einem Artikel für *Alive.com* im Jahr 2017 empfiehlt Kwik neun weitere Tricks, um schneller zu lesen und die Informationsflut zu bewältigen.

Als erstes schlägt er vor, einen Optiker aufzusuchen, um Ihre Augen überprüfen zu lassen, falls Sie dies nicht in letzter Zeit getan haben. Wenn nicht, sagt er, stellen Sie sicher, dass Ihre Sehkraft im vollen Umfang vorhanden ist. Verwenden Sie ansonsten Ihre Brille bzw. Ihre Lesebrille.

Als Nächstes betont er, wie wichtig es ist, einen geeigneten Ort zum Lesen zu finden. Dies bedeutet oft, ein Gleichgewicht zwischen schlafinduzierendem Komfort und ablenkender Aufgewecktheit zu finden. Sie könnten sich einerseits dafür entscheiden, es sich mit Decken und Kissen auf Ihrem Sofa gemütlich machen, doch dann würden Sie wahrscheinlich schon bald einschlafen. Andererseits könnten Sie die Klimaanlage aufdrehen, doch zu viel Kälte würde Sie ablenken. Stattdessen sollten Sie es bequem haben, jedoch wach sein. Der Raum, in dem Sie lesen, sollte kühl sein, was die Wachheit unterstützt, aber nicht so kalt, dass es unangenehm ist. Verwenden Sie bei Bedarf ein Kissen, aber lehnen Sie sich nicht zurück und legen Sie sich nicht hin, da zu viel Entspannung zu Schläfrigkeit führt.

Ein weiterer Punkt, auf den Kwik hinweist, ist, dass Sie positive Anker finden sollten, die Ihr Leseverhalten beeinflussen, da Anker gute Selbstbilder verstärken und schlechte Selbstbilder, die Sie vielleicht im Laufe der Zeit entwickelt haben, entkräften können. Positivität beruhigt Ihre Nerven und sorgt für Entspannung, was beides wesentliche Komponenten für die Aufnahme von Informationen sind. Viele dieser positiven Anker haben mit Entspannung und

Wohlbefinden zu tun, doch sie helfen ebenfalls dabei, die Aufmerksamkeit aufrechtzuerhalten. Versuchen Sie zum Beispiel, natürliches Licht zu nutzen. Sie strapazieren Ihre Augen, wenn Sie bei schummrigem oder fluoreszierendem Licht lesen. Schalten Sie Lampen und Oberlichter aus, setzen Sie sich an ein Fenster, öffnen Sie die Vorhänge und lassen Sie das Sonnenlicht auf Ihren Text scheinen. Wenn das nicht möglich ist, können Sie sich Glühbirnen zulegen, die das natürliche Licht imitieren. Das Abspielen von Musik in einer Geschwindigkeit, die einem regelmäßigen Herzschlag entspricht, also etwa 60 Schläge pro Minute, kann Ihren Körper auf ähnliche Weise entspannen und einen erhöhten Lernzustand hervorrufen. Die vielleicht beste Entspannungsmethode ist jedoch das aufrechte Sitzen mit einer guten Körperhaltung, um die Muskeln nicht zu überlasten. Zudem können Sie in dieser Körperhaltung lange, tiefe Atemzüge machen. Versuchen Sie es mit einer 3-2-4-Atemtechnik, bei der Sie drei Sekunden lang durch die Nase einatmen, zwei Sekunden lang halten und vier Sekunden lang ausatmen. So wird Ihr Gehirn gut mit Sauerstoff versorgt und kann auf Hochtouren laufen. Wenn Sie Ihr Buch aufrecht halten, verhindert dies, dass Sie sich vorbeugen müssen und Sie können direkt auf die Seiten schauen. Eine ausreichende Flüssigkeitszufuhr hilft Ihrem Gehirn ebenfalls, da es weniger effektiv arbeitet, wenn Sie zu wenig Wasser getrunken haben. Doch nicht nur das: Ihr Magen wird versuchen, Sie zum Essen zu verleiten, obwohl Sie in Wirklichkeit nur durstig sind. Wenn Sie Wasser in Ihrer Nähe haben, müssen Sie weniger oft in die Küche gehen, um einen Snack zu sich zu nehmen, und Sie können sich auf die anstehenden Leseaufgaben konzentrieren.

Unterscheidungen zwischen rechter und linker Gehirnhälfte

Der letzte Punkt von Kwik, der sich auf das visuelle Tempo bezieht: Nutzen Sie Ihr ganzes Gehirn. Nehmen Sie Ihre linke Hand und fahren Sie damit über den Text. Auf diese Weise aktivieren Sie Ihre rechte Gehirnhälfte, gleichen Ihre neuronalen Funktionen aus und bereichern dadurch Ihr Leseerlebnis. Jeder, der die wissenschaftlichen Grundlagen in Bezug auf die linke und rechte Gehirnhälfte kennt, wird Ihnen sagen, dass dies Sinn ergibt. Kinder, insbesondere solche, denen Legasthenie diagnostiziert wurde, tun sich beim Lesenlernen schwer, weil die elementaren Lehrmethoden mehr auf die Prozesse der linken Gehirnhälfte ausgerichtet sind. Anstatt zu lernen, ein bestimmtes Wort zu lesen, indem sie sich die einzelnen Teile ansehen und so zum Ganzen gelangen, machen Schüler mit einer rechtsdominanten Gehirnhälfte das Gegenteil. Sie lernen, indem sie zunächst das ganze Wort sehen und es dann in seine Einzelteile zerlegen, was man als „Sichtwort"-Ansatz bezeichnet. Das bedeutet, dass sie das Wort daran erkennen, wie es aussieht, und nicht daran, wie es klingt. Die Phonetik hilft diesen Kindern nur wenig, da dieser Prozess darin besteht, Teile von Wörtern zu identifizieren, die gleich oder unterschiedlich klingen. Im Großen und Ganzen stützen sich die Prozesse der rechten Gehirnhälfte eher auf den Kontext als auf die Reihenfolge. Schüler mit einer linksdominanten Gehirnhälfte lesen in der Regel jedes Wort in einer systematischen und geordneten Art und Weise und entwickeln allmählich ein Verständnis für den Text, indem sie die Wörter zusammensetzen, um eine Bedeutung zu konstruieren, die auf jedem Wort als Teil des Ganzen basiert. Rechtshirndominante Kinder hingegen nehmen mehrere Wörter und Sätze auf, bevor sie sie als Ganzes verarbeiten, suchen dann nach Kontext-Hinweisen und entwickeln ein geistiges Bild davon, was jedes Wort und jeder Satz bedeutet. Auf einer praktischen und nicht auf einer pädagogischen Ebene bedeutet dies, dass inkrementelle Übungen wie Phonetik rechtshirndominante Kinder langweilen, da es keine kleineren Einheiten gibt, in die die Wörter unterteilt werden können. Diese Kinder würden es vorziehen, durch echte, sinnvolle Bücher zu lernen. Um eine Analogie zu gebrauchen: Schüler mit linksdominanter Gehirnhälfte möchten vielleicht lieber erst die genauen Bewegungen und Techniken beim Schwimmen lernen, bevor sie überhaupt nass werden. Rechtshirndominante Kinder hingegen würden eher dazu neigen, direkt in den Pool zu tauchen und die Details später herauszufinden.

Wenn Sie Ihre rechte Gehirnhälfte genauso stark wie Ihre linke Gehirnhälfte nutzen, profitieren Sie von der Tendenz, aus einer Überblicksperspektive zu lesen und das Gesamtbild des Lesestoffs zu betrachten, um den Gesamtzusammenhang zu erfassen. Wie bei einem rechtshirndominanten Kind wird dieser Prozess dazu führen, dass Sie Details übersehen, Wörter überspringen, schnell überfliegen und nicht innehalten, um Wörter auszusprechen. Nachdem das rechtshirndominante Kind genügend Informationen aus der Lektüre gewonnen hat, um sich ein Gesamtbild von den vermittelten Botschaften, Themen und Punkten zu machen, fährt es fort, lässt die unwichtigen Details hinter sich und verschwendet keine Zeit damit, sich auf diese nebensächlichen Details zu konzentrieren. Prozesse der rechten Gehirnhälfte beinhalten die Bildung von visuellen Hinweisen. Menschen mit einer rechtsdominanten Gehirnhälfte tendieren zum stillen Lesen, obwohl sie sich gelegentlich selbst laut vorlesen, was Kwiks Punkt über die Leseumgebung umso wichtiger macht. Gute Nachrichten also für rechtshirndominante Menschen! Deren neuronalen Tendenzen können ein entscheidender Faktor für ihre Fähigkeit zum schnellen Lesen sein. Doch linkshirndominante Menschen sollten nicht verzagen. Obwohl wir dazu neigen, Menschen als links- oder rechtshirndominant zu kategorisieren, so hat jeder von uns die Fähigkeit, beide Gehirnhälften zu nutzen. Nur weil Sie von Natur aus eine Gehirnhälfte bevorzugen, heißt das nicht, dass Sie unfähig sind, die andere ebenfalls zu nutzen. Dies erfordert vielleicht etwas mehr Übung und harte Arbeit, doch auch Sie können die Effektivität des Schnelllesens meistern, denn welche Seite des Gehirns Sie bevorzugen, bestimmt nicht die Grenze Ihrer Fähigkeiten.

Doch wie erschließen Sie nun die Fähigkeiten dieser magischen rechten Gehirnhälfte, fragen Sie? Die rechte Gehirnhälfte erwartet die Ankunft von Textinformationen über das Corpus Callosum, sagt David Butler in seinem Buch. Auch wenn die meisten Texte über die Gehirnfunktion im Allgemeinen über die linke Gehirnhälfte sprechen, steuert die rechte Seite das effektive Verständnis, was bedeutet, dass Konzepte und visuelle Bilder

Ergebnis der Aktivität der rechten Gehirnhälfte sind. Wie in den vorangegangenen Erklärungen über die Art und Weise, wie unterschiedliche Kinder lernen, bereits erläutert, betrachtet die rechte Gehirnhälfte ganze Bilder oder Ideen zusammen und entschlüsselt die Muster und Verbindungen innerhalb der Informationen. Die rechte Gehirnhälfte umfasst die kognitive Verarbeitung höherer Ordnung und interpretiert Informationen mit größerer Geschwindigkeit und mit mehr ganzheitlicher Aufmerksamkeit für das große Ganze. Dies erklärt den Grund für das Monopol der rechten Gehirnhälfte in den Bereichen Vorstellungskraft, Intuition, Gesichtserkennung und Kunst. Die rechte Gehirnhälfte verarbeitet Daten einfach schneller und mit einem höheren Volumen als die linke, was bedeutet, dass das Lesen mit der linken Gehirnhälfte in etwa so sinnvoll ist, wie Informationen durch einen Strohhalm zu quetschen, wie Butler anmerkt.

Doch das ist noch nicht alles. Nachdem die Verarbeitung sowohl in der rechten als auch in der linken Gehirnhälfte stattgefunden hat, übernimmt der präfrontale Kortex die Arbeit. Hier residiert das Bewusstsein, das Informationen reguliert, Impulse moduliert und Daten aus den anderen Teilen des Gehirns koordiniert. An diesem zentralen Ort werden Pläne formuliert, Entscheidungen getroffen, Fehler erkannt und Gewohnheiten durchbrochen. Am wichtigsten für die Übung des Lesens ist, dass das Arbeitsgedächtnis im präfrontalen Kortex sitzt. Dies ist kein perfektes System, da Emotionen diesen Bereich des Gehirns beeinflussen können. Das muss aber nichts Schlechtes sein, denn Dopamin, der Neurotransmitter, der Freude und Vergnügen im Gehirn vermittelt, dient als Handlungsanreiz und verstärkt sogar die Informationssignale, worauf Butler im Buch gezielt hinweist. Wiederholte, rhythmische, strukturierte und leicht zu visualisierende Informationen helfen dem präfrontalen Kortex, sich Informationen leichter zu merken.

Martha Beck bietet einige Übungen an, um Ihre rechte Gehirnhälfte zu aktivieren, die in unserer hyper-rationalen Welt hin und wieder übersehen wird. Als Erstes empfiehlt sie, Ihren Namen auf jede erdenkliche Weise zu schreiben. Von rechts nach links, auf dem Kopf stehend, rückwärts und auf dem Kopf stehend, jede Variante sollte nach bestem Wissen und Gewissen ausprobiert werden. Zweitens: Führen Sie eine bilaterale Konversation, indem Sie eine Frage mit der rechten Hand schreiben und sie dann mit der linken Hand beantworten, und zwar unabhängig davon, welche Hand dominant ist. Ihre nicht-dominante Hand wird mit ziemlicher Sicherheit zittrig schreiben, aber keine Sorge, das ist nicht wichtig. Wichtig ist, dass Sie bemerken, dass Ihre linke Hand eine eigene Persönlichkeit hat. Es mag seltsam klingen, und das ist es auch irgendwie, aber was vielleicht noch seltsamer ist die Tatsache, ist, dass Ihre rechte Gehirnhälfte Dinge weiß, von denen Sie nicht wissen, dass Sie sie wissen. Sie bewertet Ihre körperlichen und geistigen Gefühle und bietet oft Lösungen an.

Wenn Sie neue Bewegungen lernen, wird Ihre rechte Gehirnhälfte aktiviert, da die Bewegungen für sie ungewohnt sind. Fällt es Ihnen schwer, die Lösung für ein bestimmtes Problem zu finden? Beck verwendet das Beispiel des Gehens, aber anstatt die Arme entgegengesetzt zu den Beinen zu schwingen, können Sie ausprobieren, Ihre Arme im Gleichklang mit den Beinen zu schwingen. Versuchen Sie dies in verschiedenen Variationen zu tun, rückwärts, mit geschlossenen Augen, alles, was Ihnen einfällt, was schwer, aber machbar ist. Und dann gehen Sie aufs Ganze. In diesem Fall geht das so: Sobald Sie Ihre rechte Gehirnhälfte aktiviert haben, fangen Sie an, in einem rasanten Tempo zu lesen, schneller als Sie es vorher für möglich hielten. In anderen Fällen können Sie versuchen, ein Problem anzupacken, das Sie schon lange ärgert. Anstatt über diesem Problem zu schmoren, lesen Sie bei aktivierter rechter Gehirnhälfte ein paar andere Dinge, entspannen sich, erledigen Hausarbeiten oder irgendetwas anderes, als über das Problem zu grübeln. Aktivieren Sie Ihre rechte Gehirnhälfte jedoch nur zeitweise, bevor Sie damit aufhören und mit einer anderen Tätigkeit fortfahren. Laut Beck provoziert dies Epiphanien. Durch diese Aktivitäten kommt Ihr Gehirn auf die ersten paar möglichen Lösungen, die vielleicht noch nicht besonders gut sind. Wenn Sie das Gehirn jedoch dazu ermutigen, Lösungen zu produzieren, werden es immer mehr, besonders wenn die rechte Gehirnhälfte die Führung übernimmt. Das Aktivieren der rechten Gehirnhälfte zum Schnelllesen ist nicht das endgültige Ziel, sondern ermöglicht es Ihnen, mehr Informationen in diesem Teil Ihres Gehirns abzulegen. Wenn Sie diese wieder aktivieren, um ein Problem zu lösen, sollten die Informationen, die Sie beim Speed Reading mit der rechten Gehirnhälfte erhalten, zu einem wichtigen Faktor bei der Steigerung Ihrer Speed-Reading-Effektivität werden.

Triage-basiertes Lesen

Abby Marks Beale ist der Meinung, dass die Auswahl des Textes und die Auswahl Ihres Lesestoffs der wichtigste Faktor für die Effektivität Ihres Schnelllesens sein könne. Angesichts Ihrer begrenzten Zeit müssen Sie, unabhängig von Ihren Fähigkeiten im Speed Reading, Entscheidungen darüber treffen, wofür Sie Zeit haben und wofür nicht. Ähnlich wie in einer Notaufnahme haben einige Dinge, wie z. B. ein Herzinfarkt, Vorrang vor anderen, wie z. B. einer Verdauungsstörung, um bei dem von ihr verwendeten Beispiel zu bleiben. Mit anderen Worten: Sie müssen bei Ihrer Leseliste eine Triage durchführen. In Ihrem großen Stapel von zu lesenden Büchern und Artikeln haben Sie einige Herzinfarkte und einige Verdauungsstörungen. Die Herzinfarkte bringen Sie bei Ihren Lesezielen weiter als die Verdauungsstörungen. Das heißt nicht, dass Sie Bücher, die nicht wichtig sind, nicht lesen sollten. Auch die Verdauungsstörungen müssen behandelt werden, sie haben lediglich eine geringere Priorität.

Definieren Sie den Zweck Ihrer Lektüre

Sie sollten nicht nur eine feste Vorstellung davon haben, welche Lektüre wichtiger ist, sondern Beale empfiehlt Ihnen auch, genau zu wissen, was Sie aus der Lektüre herausholen wollen, indem Sie Fragen parat haben, die den Zweck Ihrer Lektüre definieren. Diese Fragen leiten Ihr Leseverhalten und führen zu einer aktiven

Beschäftigung mit Ihrer Lektüre, indem Sie nach Antworten suchen. Beale bezeichnet diese Herangehensweise als „Purpose-Setting". Sie selbst schreibt sich immer acht bis zehn Fragen auf eine Karteikarte bzw. ein Notizbuch, bevor sie ein Buch öffnet. Sie geht sogar noch einen Schritt weiter und sagt, dass Lesen allein nicht ausreicht. Laut Beale muss man das Gelesene auch anwenden, um es am besten zu behalten. Meine Englischlehrerin an der High School sagte uns vor jeder Stunde ein Wort des Tages. Zudem sagte sie uns jedes Mal, dass wir dieses Wort dreimal benutzen müssen, bevor wir das Wort verinnerlichen und selbstständig verwenden können. In ähnlicher Weise bringt es Ihnen nicht viel, wenn Sie Ihr neu erlangtes Wissen nicht anwenden. Um den vollen Nutzen aus Ihrer Lektüre zu ziehen, müssen Sie den Lesestoff auf irgendeine Weise in der realen Welt manifestieren. Beale empfiehlt ein Lackmus-Verfahren, welches darin besteht, drei Aufgaben zu Ihrer To-Do- oder Projektliste hinzuzufügen, die widerspiegeln, was Sie aus der Lektüre gewonnen haben. Wenn Sie die Liste durchgehen, um darüber nachzudenken, wie gut Sie den Lesestoff in Ihren Alltag integriert haben, sollten Sie sich auf Ihren Schritt der Zielsetzung zurückbesinnen und Ihre neue Fähigkeit bzw. Ihr neues Wissen demonstrieren.

Die Beurteilung Ihrer Fortschritte, sei es in einer Art abstrakter Weise, wie es Beale tut, oder in einem greifbaren Prozess wie dem PX-Projekt, einem einzelnen dreistündigen kognitiven Experiment, ist notwendig für Ihre Gesamterfahrung. Ohne herauszufinden, wo Sie landen, können Sie Ihre Verbesserungen nicht wirklich analysieren, die wie im Fall von Tim Ferriss eine Steigerung der Lesegeschwindigkeit um bis zu 386 Prozent sein können. Die Ergebnisse des PX-Projekts sind verblüffend und sogar fast zu schön, um wahr zu sein. Um die Wirksamkeit des Projekts zu demonstrieren, wurden Muttersprachler von fünf verschiedenen Sprachen und Legastheniker in das Projekt einbezogen. Jeder von ihnen wurde einer Konditionierung unterzogen, die bei hochtechnischen Inhalten eine Lesegeschwindigkeit von 3.000 Wörtern pro Minute oder zehn Seiten pro Minute bzw. eine Seite alle sechs

Sekunden erzeugte. Das PX-Projekt basiert seine Methoden auf einem grundlegenden Verständnis des menschlichen visuellen Systems, wodurch Ineffizienzen beseitigt und gleichzeitig die Lesegeschwindigkeit erhöht wird, ohne dass dies auf Kosten der Merkfähigkeit geht. Ferriss skizziert den Mechanismus des Projekts anhand einer Reihe von Übungen in einem Artikel für die Huffington Post. Die Ziele der Übungen, nämlich die Minimierung von Fixierungen, die Eliminierung von Regressionen und Zurückspringen innerhalb des Textes sowie die Verwendung von Konditionierungsübungen zur Maximierung der horizontalen peripheren Sehspanne und der Wörter, die Sie bei jeder Fixierung registrieren, werden Ihnen aus den vorherigen Seiten in diesem Buch bekannt sein.

Die erste Technik beinhaltet das Lesen von zwei Zeilen in einer Sekunde mit Hilfe eines Trackers bzw. eines Pacers, und zwar unabhängig vom Verständnis, über die gesamte Seite. Die zweite Technik erweitert die Wahrnehmung, indem sie mit dem ersten Wort jeder Zeile beginnt und mit dem letzten Wort der letzten Zeile endet, wiederum ohne Rücksicht auf das Verständnis. Ferriss fordert den Leser auf, diese Aufgabe noch zweimal zu wiederholen, einmal mit dem zweiten Wort am Anfang und Ende jeder Zeile und das andere Mal mit dem jeweils dritten Wort, wieder unter Missachtung des Verständnisses. Dann bittet er den Leser, seine neue Lesegeschwindigkeit von Wörtern pro Minute zu berechnen. Er schränkt dies ein, indem er sagt, dass Sie, auch wenn Sie nun bis zu dreimal so schnell lesen können, diese Fähigkeit nicht nutzen sollten, um drei Sachen zu lesen. Lesen Sie stattdessen dieselbe Sache dreimal und steigern Sie dadurch Ihr Verständnis.

Wade Cutler verspricht in seinem gleichnamigen Buch ebenfalls, Ihre Lesegeschwindigkeit zu verdreifachen. Er beschäftigt sich auf den ersten etwa dreißig Seiten mit Ihren aktuellen Lesefähigkeiten und den Blockaden, die einer höheren Lesegeschwindigkeit im Wege stehen. Er identifiziert viele der gleichen Dinge, die auch in diesem Buch zu finden sind: das Versäumnis, eine Vorschau auf das vor Ihnen liegende Material zu machen, verschwenderische Augenbewegungen und Regressionen, schlechte Sehspanne, Vokalisierung und Subvokalisierung. Die allgemeine Vokalisation ist eine, über die wir nicht viel gesprochen haben. Diese umfasst Bewegungen mit den Lippen, der Zunge, dem Unterkiefer, dem Adamsapfel und dem Zwerchfell, welche allesamt verschiedene Erscheinungsformen des unhörbaren Mitlesens sein können. Er nennt noch weitere verschiedene Fehler, wie z. B. Zeigen/Markieren, Abtasten mit der Hand und langsames Umblättern. Während Cutler viel Zeit auf die Hindernisse für schnelles Lesen verwendet, bietet er ebenso viele Übungen, um Ihre Lesegeschwindigkeit zu erhöhen. Vom Verfolgen der mittleren von drei Buchstabenspalten beim Lesen von links nach rechts bis hin zu immer komplizierteren Variationen folgt er ähnlichen Theorien zur Erhöhung der Augenspanne wie Cole und Frank. Er erweitert den Bereich der Buchstaben und wirbelt sie in Dreier- und Vierergruppen durcheinander. Die Anzahl der Spalten wird auf bis zu sieben Spalten gesteigert, während die innersten Spalten immer komplizierter werden. Anschließend gibt er dem Leser Übungen nach dem gleichen Muster, um das Tempo und das Blocklesen zu lernen. Indem er zu einer dünnen, zeitungsähnlichen Spalte wechselt, bietet Cutler eine praktischere Anwendung der Fähigkeiten. Das Ziel ist hier eine Fixierung pro Zeile. Dann erhöht er die Schwierigkeit auf eine Fixierung pro zwei Zeilen.

Cutler führt im nächsten Teil des Buches eine Methode ein, die er die Zwei-Stopp-Methode nennt und die einem S oder einem Z ähnelt. Er wiederholt den Prozess der Verbreiterung der Spalten, indem er Ihre Augen zunächst zwischen zwei breiten Spalten hin- und herhüpfen lässt. Ihre Augen kommen dann langsam zusammen, während sich die Spalten verbreitern. Das anschließende Modulieren dient dazu, Ihre Augen zu trainieren und daran zu gewöhnen, sich gleichmäßig zwischen den Spalten hin- und herzubewegen. Diese Technik ähnelt stark der Eye-Hop-Methode, die Ron Cole entwickelt hat. Als Test bietet Cutler Auszüge aus Büchern an, damit Sie Ihre neu erworbenen Fähigkeiten sofort anwenden und herausfinden können, wie gut Sie sie gelernt haben. Er fügt ein Gedicht von Edgar Allan Poe, das bekannte *The Cask of Amontillado*, *A Short History of the Civil War*, ein Kapitel aus *Die Schatzinsel* sowie weitere aus *Die Zeitmaschine*, *Dr. Jekyll and Mr. Hyde* und *Money Signs* hinzu. Jedes dieser Kapitel nimmt an Länge und Schwierigkeit zu, und die Tests ähneln stark Leseverständnis-Tests aus der Schule. Cutler weist dem Leser buchlange Texte zu, um ihm mehr Lesestoff zu geben, sowie weitere Tests, um seine Lesefähigkeit zu bestimmen.

Zusammenfassung des Kapitels

- Um mit der beschleunigten Erstellung von Informationen Schritt zu halten, kann Lesen Ihre Waffe im Wettrüsten des Wissens sein, und wenn Sie bis hierher gelesen haben, sind Sie schon einen Schritt weiter. Hier sind sechs weitere Tipps, um Ihr Speed Reading weiter voranzutreiben.
- Analysieren Sie Ihre Aufgabe, bevor Sie sie in Angriff nehmen. Gehen Sie nicht blind an die Aufgabe heran. Schauen Sie sich den Text, den Sie lesen wollen, genau an und machen Sie sich im Kopf Gedanken darüber, was Sie von dem Text erwarten.
- Stellen Sie Fragen, während Sie lesen. Die Chancen stehen gut, dass der Autor Sie absichtlich neugierig gemacht hat, damit er diese Neugier später im Text befriedigen kann. Doch das ist noch nicht alles. Auf diese Weise behalten Sie die Kernideen im Auge und vielleicht tauchen Fragen auf, die Sie zu einer weiteren Lektüre anregen.
- Verringern Sie die Subvokalisation. Ihre Lesegeschwindigkeit ist viel schneller als Ihre Sprechgeschwindigkeit. Wenn Sie die Wörter aussprechen, auch im Kopf, dann schränken Sie Ihr Lesepotenzial immens ein. Wenn Sie diese innere Stimme zum Schweigen bringen, können Sie Ihre Lesegeschwindigkeit erhöhen. Machen Sie sich keine Sorgen um das Textverständnis, denn zu diesem Zeitpunkt

setzen Sie andere Taktiken ein, um den Verlust auszugleichen.
- Lesen Sie Gruppen von Wörtern. Teilen Sie jede Seite mit einem Bleistift in drei oder vier Spalten ein und üben Sie, diese in sequenzieller Reihenfolge, Zeile für Zeile, durchzulesen Wenden Sie diese Technik jedoch nicht bei einem Buch an, in das Sie nicht hineinschreiben können.
- Stellen Sie sich Fragen während des Lesens, um Ihr Gedächtnis frisch zu halten. Experimentieren Sie mit Ihren Fragen und stellen Sie Zusammenhänge zu so vielen Punkten in der Lektüre her, wie Sie können.
- Erstellen Sie nach und nach ein neues Motiv. Verweisen Sie auf verwandte Lektüre und entwickeln Sie neue Assoziationen, denen Ihr Gehirn folgen kann. Wissen wird nicht nur aufgenommen, es wird geschaffen und aktives Lesen erleichtert diesen Prozess.
- Machen Sie sich Notizen von Hand. Studien zeigen, dass handschriftliche Notizen der Gedächtnisleistung viel mehr helfen als das Tippen auf einer Tastatur. Wenn Sie immer noch skeptisch sind, denken Sie an die unzähligen Menschen, die vor der Erfindung des Computers oder der Schreibmaschine Dinge von Hand geschrieben haben. Darunter waren einige ziemlich kluge Leute.
- In ihrem Buch *How to Fly with Your Hands* veröffentlichte Evelyn Wood 1959 eine der ersten Anleitungen zum schnellen Lesen, welches einige interessante Handbewegungen enthielt. Sie entwickelte diese Handbewegungen, um ihre Augen zu bewegen und sie auf verschiedene Arten über die Seite zu führen. Diese Methode verfolgt das gleiche Ziel wie Meta-Guiding, nämlich Ihre Augen über die Seite zu führen und Ihre Lesegeschwindigkeit zu standardisieren.
- Versuchen Sie, eine Karteikarte als Meta-Guide auf eine Seite zu legen. Es ist eine akzeptable Methode, die Karteikarte unter die Zeile, die Sie gerade lesen, zu halten. Achten Sie dabei jedoch darauf, dass Sie nicht zu den

Informationen zurückgehen, die Sie gerade weiter oben gelesen haben. Eine effektivere Taktik wäre es, die Karteikarte über die Zeile, die Sie gerade lesen, zu halten, sodass Ihre Regressionen stark reduziert, wenn nicht sogar eliminiert werden. Außerdem werden Ihre Augen dadurch gezwungen, sich weiter nach vorne und unten auf der Seite zu bewegen, was Ihren Lesefortschritt im Vergleich zu der anderen Methode erhöht. Der einzige Haken ist jedoch folgender: Das Verwenden einer Karteikarte funktioniert nicht gut bei einem Computerbildschirm, da Sie die Karteikarte mit ausgestrecktem Arm halten müssen, was sehr anstrengend ist. Auf Papier zu lesen ist allerdings sowieso empfehlenswert, denn wenn Sie auf einem Bildschirm statt Papier lesen, verlieren Sie 25 % Ihrer Lesegeschwindigkeit.

- Jim Kwik, den ich bereits in Kapitel fünf erwähnt hatte, bietet einige interessante Anregungen, die sich mit mehr als nur dem Akt des Lesens befassen. Die Umgebung, in der Sie lesen, beeinflusst Ihr Leseverhalten genauso stark wie alle anderen Aspekte. Das Gleiche gilt für Ihre Körperhaltung sowie für so grundlegende Dinge wie die Art, wie Sie das Buch halten. Auch Ihre Flüssigkeitszufuhr hat einen Einfluss auf Ihr Leseverhalten. Kwiks vielleicht aufschlussreichster Vorschlag betrifft die Nutzung Ihres Gehirns, er schlägt nämlich vor, es voll einzubeziehen. Lesen wird oft mit der linken Gehirnhälfte in Verbindung gebracht, weil Lesen auf Logik beruht. Wenn man jedoch analysiert, wie rechtsdominante Kinder lernen, speziell das Lesen, tauchen genau die Dinge auf, die Sie beim Speed Reading anstreben. Die Fokussierung auf das konzeptionelle Gesamtbild, das Auslassen kleinerer Details, das Überspringen von Wörtern und vor allem das Fortfahren mit der Lektüre, während unwichtige Details ignoriert werden – all das klingt nach bewährten Praktiken beim Speed Reading.

- Aktivieren Sie Ihre rechte Gehirnhälfte, wenn Sie lesen. Kwik empfiehlt, die linke Hand als Meta-Guide zu benutzen, was eine potenziell effektive Methode ist, um diese Seite des Gehirns zu stimulieren. Es ist eine größere Anstrengung, die linke Gehirnhälfte zu aktivieren, indem Sie Ihren Namen auf jede erdenkliche Art und Weise schreiben, bilaterale Gespräche führen, neue Bewegungen lernen, und dann alles zusammen machen, wie Martha Beck es rät. Die Aktivierung der rechten Gehirnhälfte wird Ihren Lesefluss nicht unbedingt beschleunigen. Das Ergebnis wird sich jedoch in einem besseren Verständnis des Lesestoffs zeigen, da das Schnelllesen mit den Aktivitäten der rechten Gehirnhälfte übereinstimmt, wie ich bereits erwähnt hatte.
- Abby Marks Beale ermutigt Sie, die wichtigste Lektüre, die Sie erledigen möchten, zu priorisieren, ähnlich wie eine Notaufnahme die wichtigsten Fälle zuerst behandelt. Beale empfiehlt, dass Sie sich acht bis zehn Fragen stellen, bevor Sie mit der Lektüre beginnen, um Ihre Absichten und Ziele festzulegen. Nutzen Sie dann tatsächlich die Informationen, die Sie aus der Lektüre gewonnen haben, denn die Anwendung der gelesenen Informationen steigert die Merkfähigkeit erheblich. Wie meine Englischlehrerin zu sagen pflegte: „Use it three times, and you own it". Sie bezog sich dabei zwar auf die Wörter des Tages, doch die Prämisse bleibt dieselbe. Beale fügt ihrer To-Do- bzw. Projektliste drei Aufgaben hinzu, die ihre Lektüre reflektieren. Wenn Sie die Liste durchgehen, werden Sie darüber nachdenken, was Sie durch das Lesen dieses Textes für Ihr Leben gelernt haben.
- Tim Ferriss erklärt die Vorteile des PX-Projekts und rühmt sich mit einer 386-prozentigen Steigerung seiner Lesegeschwindigkeit nach dieser dreistündigen Lektion. Mit der Meta-Guiding-Methode, der Erweiterung der visuellen Wahrnehmung sowie der Gruppierung von Wörtern schlägt er weitere Techniken vor, die, wenn sie oft genug

wiederholt werden, zu erstaunlichen Steigerungen der Lesegeschwindigkeit führen sollen. Mit Hilfe eines gründlichen Verständnisses des menschlichen Sehvermögens eliminiert das PX-Projekt Ineffizienzen, um die Lesegeschwindigkeit zu erhöhen und die Merkfähigkeit zu erhalten.

- Wade Cutler behauptet, dass er Ihre Lesegeschwindigkeit durch eine Reihe von Techniken verdreifachen kann, die der Spalten-Methodik ähnelt, die Steven Frank in seinem Buch vorstellt. Cutler variiert diese Spalten jedoch nach Breite, Anzahl der Buchstaben und Schwierigkeitsgrad, sodass Sie sich von drei Spalten mit einzelnen Buchstaben bis zu Romanpassagen hocharbeiten können. Da Cutler sich stark darauf konzentriert, Blockaden beim Schnelllesen zu beseitigen, ist ein Bereich, den außer Cutler kein anderer Experte anspricht, der Bereich des Vokalisierens. Das Vokalisieren ähnelt im Prinzip dem Subvokalisieren und umfasst Ticks bzw. Gewohnheiten, die Leser haben, welche die Sprache imitieren. Cutler identifiziert Bewegungen der Lippen, der Zunge, des Kiefers, des Adamsapfels und sogar des Zwerchfells. Diese Bewegungen haben den gleichen Effekt wie die Subvokalisation und verlangsamen unter Umständen Ihre Lesegeschwindigkeit.

FAZIT

Halten Sie einen Moment inne. Denken Sie an Ihre Überzeugung zurück, als Sie dieses Buch aufgeschlagen haben. Sie haben seither eine immense Entwicklung durchlaufen. Möglicherweise haben Sie dieses Buch zum Thema Speed Reading mit einer vagen Vorstellung davon begonnen, worum es hier geht. Nach der Lektüre dieses Buches haben Sie einige der Vorteile kennengelernt, die Speed Reading Ihnen ermöglichen kann. Die Bandbreite ist groß und reicht von der einfachen Fähigkeit, mehr Informationen aufzunehmen, bis hin zur Stärkung Ihres Selbstbewusstseins, dem Vorantreiben Ihrer Karriere oder der Verbesserung Ihrer Meditationspraxis, egal ob bewusst oder unbewusst. Ich habe Ihnen einen vorläufigen Überblick darüber gegeben, was Sie von diesem Buch erwarten können und welche Erfolge Sie bis zu diesem Punkt möglicherweise erzielen können. Nur Sie allein wissen, ob es funktioniert hat oder nicht. Ich hoffe, dass Sie bei der Sache geblieben sind, die Techniken angewandt und Ihre Fortschritte verfolgt haben. Am Anfang hielten Sie möglicherweise an einigen Mythen über Speed Reading fest, die wir gleich in Kapitel zwei entlarvt haben. Nämlich, dass Sie 10.000 Wörter pro Minute lesen können, dass Subvokalisation Sie in Ihrem Bestreben, schneller zu lesen, behindert (das stimmt wirklich, doch Sie müssen sich erst in einem fortgeschrittenen Lernstadium darum kümmern, die Subvokalisation zu eliminieren) und dass Sie automatisch schneller werden, wenn Sie viel lesen.

Ich habe Sie dazu ermutigt, Ihr persönliches, anfängliches Leseniveau zu akzeptieren. Wenn Sie sich selbst verstehen und bewerten, können Sie herausfinden, wie Sie sich am meisten verbessern können und auf welche Bereiche Sie sich mehr konzentrieren müssen. Ehrlich zu sich selbst zu sein, kann eine Herausforderung sein, die auch für das Lesen gilt, zumal das Lesen für uns Menschen keine natürliche Fähigkeit ist. Mit dieser abstrakten Grundlage als Ausgangsbasis erhielten Sie in Kapitel vier eine konkrete Hilfestellung und Sie erfuhren, wie Sie Ihre Lesegeschwindigkeit messen können. Zudem lernten Sie in Kapitel vier, wie Sie Ihre Lesegeschwindigkeit für verschiedene Lesestufen ermitteln können.

Mit Kapitel fünf begann der transformative Prozess, der Sie zu einem Schnellleser macht. Dieses Kapitel gab Ihnen alle möglichen Techniken an die Hand, die Sie beim Üben ausprobieren können, von der Festlegung eines Ziels über die sogenannte Skimming-Technik (Überfliegen), das Reduzieren der Subvokalisation, das Lesen von Phrasen, die Meta-Guiding-Methode, das schnelle serielle Visualisieren, das Vermeiden der Regression und sowie das Begrenzen von Fixierungen. Diese Strategien erhöhten möglicherweise Ihre Lesegeschwindigkeit deutlich, doch es kann sein, dass Sie einen Rückgang des Textverständnisses feststellten. Kapitel sechs schaffte Abhilfe, indem Sie darin Gegenmaßnahmen kennenlernten, die einer Verschlechterung der Aufnahmefähigkeit entgegenwirken. Dazu gehörten die Visualisierung, das Weglassen einiger Wörter und Sätze, weil sie zu kompliziert sind, das Erweitern Ihres Wortschatzes und das sogenannte Erinnerungs-Spiel.

Diese Tipps und Tricks allein reichen jedoch nicht aus, wie ich in Kapitel sieben darlegte. Eine der besten Methoden, um besser im Lesen zu werden, besteht darin, mehr zu lesen. Die einzige Einschränkung ist allerdings, dass Sie achtsam lesen müssen. Ein guter Anfang sind Bücher, die leicht zu lesen sind, denn die von Stephen Krashen entwickelte Input-Hypothese besagt, dass Texte, bei denen Sie weniger als 95 Prozent der Wörter kennen, die Bereitschaft zum Weiterlesen verringern. In diesem Kapitel zeigte ich Ihnen einige hilfreiche Methoden, um eine Routine für das Lesen aufbauen zu können. Sie können zum Beispiel die Macht der Gewohnheit nutzen oder sich den Einstieg erleichtern, indem Sie nur die Bücher lesen, die Ihnen Spaß machen. Halten Sie sich Ihre Optionen offen, indem Sie unterschiedliche Bücher lesen, und arbeiten Sie sich dann zu schwierigeren Büchern hoch, indem Sie zunächst Ihr Grundwissen durch Recherche erweitern.

Die Analyse Ihres Leseverhalten ist womöglich der wichtigste Aspekt, besonders wenn Sie eine positive Verstärkung brauchen, um Ihre Gewohnheit aufrechtzuerhalten. Um dies zu erreichen, gibt es zahlreiche Möglichkeiten. In erster Linie sollten Sie Ihre Lesegeschwindigkeit regelmäßig messen, um einen Überblick darüber zu behalten, wo Sie stehen. Ein gutes, altmodisches Leseprotokoll in einem Notizbuch wird dafür sorgen, dass Sie Ihre Fortschritte nicht aus den Augen verlieren. Im digitalen Zeitalter, in dem wir heute leben, haben wir die Möglichkeit, die Aspekte Produktivität und Funktionalität mehr und mehr ins Internet zu verlagern. Mit Hilfe von Anwendungen wie Goodreads, Tabellenkalkulationen, Trello und Pinterest-Boards können Sie Ihre Lesefortschritte dokumentieren und mit anderen Lese-Fans in Kontakt kommen. Im Zweifelsfall kann der gute alte Bücherstapel wie ein Leseprotokoll für Sie dienen, vor allem, wenn Sie gerne mehrere Bücher gleichzeitig lesen und das eine oder andere Buch, auf das Sie sich freuen, immer griffbereit haben.

Der beste Weg, um Ihren Lesestoff zu bewältigen, und eine Taktik, die viele Leute wahrscheinlich bereits in ihrem Alltag anwenden, ist das Überfliegen und Scannen Ihrer Lektüre, während Sie sich die wichtigen Informationen merken. Es ist wichtig, dass wir die diesbezüglichen Missverständnisse entkräften. Bei der Skimming- und Scanning-Methode handelt es sich nicht um ein schnelles Überfliegen und Umblättern von Seiten in der Erwartung, dass Sie dadurch die Informationen leicht und mühelos erfassen können. Es gibt einen inhärenten Kompromiss zwischen den Aspekten Geschwindigkeit und Speicherung der Informationen, und Skimming und Scanning tragen diesem Umstand Rechnung. Hierbei handelt es sich nicht um eine schnelle Lösung. Im Gegenteil, beide Methoden erfordern eine engagierte und achtsame Herangehensweise an die Lektüre. Beide Methoden beginnen recht einfach, nämlich damit, dass Sie durch die Vorablese-Technik oder durch Ihre eigene Einschätzung bereits vorab wissen, was Sie aus dem Text herausholen wollen. Dann lesen Sie vertikal genauso viel, wenn nicht sogar mehr als horizontal, und versetzen sich dabei in die Lage des Autors, um die Strategien und Gründe hinter dem Text herauszufinden. Seien Sie wählerisch mit dem, was Sie lesen. Lesen Sie z. B. den ersten Satz in einem Absatz, jedoch nicht unbedingt jeden kompletten Satz oder alle Beispiele.

Schließlich sollten Sie in Kapitel zehn noch einige weiterführende Methoden zum schnellen Lesen kennengelernt haben. Um in unserer heutigen wettbewerbsintensiven, digitalen Welt die Nase vorn zu haben, müssen Sie Ihre Aufgaben einteilen, Fragen stellen, die Subvokalisation verringern, Wortgruppen lesen, sich selbst abfragen, das Gelernte anwenden und sich Notizen von Hand und nicht mit Hilfe eines Computers machen. Eine Hauptstrategie unter den in diesem Kapitel aufgeführten und in Kapitel fünf nicht erwähnten Strategien ist die Nutzung Ihrer rechten Gehirnhälfte, die Ihr Textverständnis potenziell um ein Vielfaches verbessern kann. Dadurch werden die Informationen in beiden Hälften Ihres Gehirns verarbeitet. Die linke Gehirnhälfte ist für die logischen Funktionen zuständig und erleichtert es Ihnen, das neu erworbene Wissen im Langzeitgedächtnis zu speichern. Die rechte Gehirnhälfte verarbeitet Informationen wesentlich schneller, sodass es klug und effektiv ist, ihr so viele Informationen wie möglich zu überlassen, besonders wenn Sie schnell lesen wollen. Expertenaussagen untermauern die Aussagen in diesem Kapitel und stellen Ihnen einzigartige und konstruktive Methoden vor, die auf einigen derjenigen aufbauen, die bereits in diesem Kapitel bzw. in Kapitel fünf behandelt wurden.

Wie Sie vielleicht bemerkt haben, bauen diese Tipps auf genau diese Weise aufeinander auf. Einige einfache Techniken, die in der Einleitung des Buches vorgestellt werden, werden zu einem späteren Zeitpunkt auf unterschiedliche und kompliziertere Weise im Laufe dieses Buches erneut aufgegriffen. Verwechseln Sie sie jedoch nicht. Beispielsweise funktioniert die Meta-Guiding-Methode mit Ihrem Stift ein wenig anders als die Meta-Guiding-Methode mit einer Karteikarte, welche sich wiederum ein wenig von der Verwendung Ihrer linken Hand bzw. von der Verwendung einiger scheinbar lächerlicher Handbewegungen unterscheidet, wie sie Evelyn Wood vorschlägt. Wenn Sie diese Tipps in Kombination anwenden, werden Sie feststellen, dass Sie schneller lesen und sich mehr merken werden, ohne dies aktiv zu versuchen (trotzdem sollten Sie auf jeden Fall aktiv versuchen, Ihre Lesegeschwindigkeit zu verbessern). Ich kann Ihnen nicht garantieren, dass Sie nun auf magische Weise dazu in der Lage sein werden, alle Bücher, die Sie in die Hand nehmen, mit einer Geschwindigkeit von 1.500 Wörtern pro Minute zu lesen. Sie können nicht am nächsten Morgen aus dem Bett springen, sich ein Buch schnappen und plötzlich wie ein Superheld superschnell lesen. Diese unseriösen und unglaubwürdigen Vorstellungen haben wir schon im Vorfeld ausgeräumt. Sie müssen Ihr Leseverhalten selbst in die Hand nehmen und die Methoden, Techniken, Tipps und Tricks, die ich Ihnen zur Verfügung gestellt habe, auf eine Art und Weise nutzen, die für Sie am besten funktioniert. Betrachten Sie diese Lösungen als eine Art Gebrauchsanweisung für Ihr Leseprojekt, wenn Sie so wollen. Allerdings ist dieses Projekt ein Do-it-yourself-Projekt, und ich kann es nicht für Sie tun. Entwickeln Sie Ihre eigenen Routinen, Rituale, Gewohnheiten oder Neigungen. Was auch immer Sie tun, nehmen Sie jeden dieser Tipps und Tricks zur Kenntnis und arbeiten Sie sich zu einer Lesegeschwindigkeit von 1.500 Wörtern pro Minute hoch. Sie haben nun die Werkzeuge und Anleitungen. Erreichen Sie dieses Ziel. Ich habe vollstes Vertrauen in Sie.

QUELLEN UND WEITERFÜHRENDE LITERATUR

Beck, M. (2009). *How to Tap into the Right Side of Your Brain - Martha Beck Advice*. Oprah.Com. https://www.oprah.com/spirit/how-to-tap-into-the-right-side-of-your-brain-martha-beck-advice/all

Booth, A. (2014). *10 Reasons Why You Should Learn Speed Reading*. Lifehack. https://www.lifehack.org/articles/lifestyle/10-reasons-why-you-should-learn-speed-reading.html

Burke, S. (2014). *The Spritz app lets you read at 1,000 wpm -- but at what cost?* CNNMoney. https://money.cnn.com/2014/03/13/technology/innovation/spritz/

Butler, D. (2014). *Speed Reading with the Right Brain: Learn to Read Ideas Instead of Just Words*. David Butler.

Buzan, T. (2017). *Speed Reading: Schneller lesen - mehr verstehen - besser behalten*. mvg Verlag.

Capuano, R. (2021). *Right-Brained Reading*. TheHomeSchoolMom. https://www.thehomeschoolmom.com/right-brained-reading/

Cole, R. (2012). *SuperReading for Success: The Groundbreaking, Brain-Based Program to Improve Your Speed, Enhance Your Memory, and Increase Your Success*. TarcherPerigee.

Cutler, W. E. (2002). *Triple Your Reading Speed: Enhance your reading skills with the Acceleread method*. Peterson's.

de Bruijn, O., & Spence, R. (2000). Rapid serial visual presentation. *Proceedings of the Working Conference on Advanced Visual Interfaces - AVI '00*. Published. https://doi.org/10.1145/345513.345309

DeRusha, B. (2018). *10 Speed Reading Apps to Help You Tackle Your TBR*. BOOK RIOT. https://bookriot.com/best-speed-reading-apps/

Doubek, J. (2016). *Attention, Students: Put Your Laptops Away*. NPR. https://www.npr.org/2016/04/17/474525392/attention-students-put-your-laptops-away?t=1632116045165

Duggan, G. B., & Payne, S. J. (2009). Text skimming: The process and effectiveness of foraging through text under time pressure. *Journal of Experimental Psychology: Applied*, *15*(3), 228–242. https://doi.org/10.1037/a0016995

Ferriss, T. (2014). *How I Learned to Read 300 Percent Faster in 20 Minutes*. HuffPost. https://www.huffpost.com/entry/speed-reading_b_5317784

Frank, S. (1998). *Backpack Series-Speed Reading Secrets (The Backpack Study Series)*. Adams Media.

Frank, S. D. (1994). *The Evelyn Wood Seven-Day Speed Reading and Learning Program*. Fall River Press.

Grothaus, M. (2018). *How to train yourself to become a speed reader*. Fast Company. https://www.fastcompany.com/40574769/how-to-train-yourself-to-become-a-speed-reader

Halton, M. (2019). *A speed reader shares 3 tricks to help anyone read faster*. Ideas.Ted.Com. https://ideas.ted.com/a-speed-reader-shares-3-tricks-to-help-anyone-read-faster/

Hammond, B. (2018). *What is the Strengths Perspective? :: Speed Reading Study Explained Better Than Ever*. Isogo. https://www.isogostrong.com/strengthsfinder-speed-reading/

Hammond, J. (2013). *Speed Reading: How to Double (or Triple) Your Reading Speed in Just 1 Hour!* Inspire3 Publishing.

Harari, Y. N. (2018). *Sapiens: A Brief History of Humankind*. Harper Perennial.

Harry, J. (2018). *5 Things Holding Your Reading Speed Back*. Medium. https://medium.com/@studyfast/5-things-holding-your-reading-speed-back-aac6405fc5c0

Kaufman, J. *10 Days to Faster Reading - Abby Marks-Beale*. Worldly Wisdom Ventures LLC. https://joshkaufman.net/10-days-to-faster-reading/

Knight, K. (2018). *Speed Reading: Learn to Read a 200+ Page Book in 1 Hour (Mental Performance)*. MindLily.com.

Kraushaar, J., & Novak, D. (2010). Examining the Affects of Student Multitasking with Laptops during the Lecture. *Journal of Information Systems Education*. Published.

Kump, P. (1998). *Breakthrough Rapid Reading*. Prentice Hall Press.

Kwik, J. *How To Read Faster*. Jim Kwik. https://jimkwik.com/podcast/kwik-brain-007-how-to-read-faster

Kwik, J. (2017). *Speed-Read Like a Boss*. Alive. https://www.alive.com/lifestyle/speed-read-like-a-boss/

Larsen, L. *Does Speed Reading Improve College Student's Retention Level and Comprehension?* Leannlarsen.Com. http://leannlarsen.com/Portfolio/Speed%20Reading%20Research.pdf

Macalister, J. (2010). *Speed reading courses and their effect on reading authentic texts: A preliminary investigation.* ScholarSpace. https://scholarspace.manoa.hawaii.edu/bitstream/10125/66649/22_1_10125_66649_macalister.pdf

May, C. (2014). *A Learning Secret: Don't Take Notes with a Laptop.* Scientific American. https://www.scientificamerican.com/article/a-learning-secret-don-t-take-notes-with-a-laptop/

Mind Tools Content Team. *Speed Reading: How to Absorb Information Quickly and Effectively.* Mind Tools. https://www.mindtools.com/speedrd.html

Montgomery, C. (2020). *How to Improve Reading Comprehension: 8 Expert Tips.* PrepScholar. https://blog.prepscholar.com/how-to-improve-reading-comprehension

Mounsteven, J. (1990). Speed Reading: A Technique for Developing Fluent Readers. *TEACHING Exceptional Children, 22*(3), 69–71. https://doi.org/10.1177/004005999002200328

Nation, P. (2005). *Reading Faster.* Victoria University of Wellington. https://www.wgtn.ac.nz/lals/resources/paul-nations-resources/paul-nations-publications/publications/documents/2005-Reading-faster.pdf

National Research Council. (2012). Improving Adult Literacy Instruction. *National Academy of Sciences.* Published. https://doi.org/10.17226/13468

Nelson, B. (2012). *Do You Read Fast Enough To Be Successful?* Forbes. https://www.forbes.com/sites/brettnelson/2012/06/04/do-you-read-fast-enough-to-be-successful/#2db68dab462e

Olson, S. (2015). *The Science of Speed Reading; Benefits And Consequences Of Reading 1,000 Pages In 10 Hours.* Medical Daily. https://www.medicaldaily.com/science-speed-reading-benefits-and-consequences-reading-1000-pages-10-hours-316828

Peterson, D. (2019). *How to Read Faster and Have More Study Time.* ThoughtCo. https://www.thoughtco.com/how-to-read-faster-31624

Rayner, K., Schotter, E. R., Masson, M. E. J., Potter, M. C., & Treiman, R. (2016). So Much to Read, So Little Time. *Psychological Science in* the Public Interest, *17*(1), 4–34. https://doi.org/10.1177/1529100615623267

Rodrigues, J. (2011). *5 Reasons Why Speed Reading Is Good For Your Brain*. Iris Reading. https://irisreading.com/5-reasons-why-speed-reading-is-good-for-your-brain/

Schmitz, W. (2013). *Schneller lesen - besser verstehen*. Rowohlt Taschenbuch.

Scott, S. J. (2019). *How to Read Faster: 9 Steps to Increase Your Reading Speed in 2021*. Develop Good Habits. https://www.developgoodhabits.com/how-to-read-faster/

Super-Speed Reading. TV Tropes. https://tvtropes.org/pmwiki/pmwiki.php/Main/SuperSpeedReading

The Princeton Language Institute. (2014). *10 Days to Faster Reading: Jump-Start Your Reading Skills with Speed reading*. The Philip Lief Group, LLC.

Thielen, J., Grochowski, P., Perpich, D., & Samuel, S. (2016). Speed Reading and Reading Retention Workshop – Poster and Active Learning Exercises. *University of Michigan Library*. Published.

Trafton, A. (2014). *In the blink of an eye*. MIT News | Massachusetts Institute of Technology. https://news.mit.edu/2014/in-the-blink-of-an-eye-0116

Ways, M. (2021). *Reading Comprehension Strategies*. Speed Reading Lounge. https://www.speedreadinglounge.com/reading-comprehension-strategies

Ways, M. (2021). *Skimming and Scanning – 4 Strategies*. Speed Reading Lounge. https://www.speedreadinglounge.com/skimming-and-scanning

Yen, T. T. N. (2012). The Effects of a Speed Reading Course and Speed Transfer to Other Types of Texts. *RELC Journal*, *43*(1), 23–37. https://doi.org/10.1177/0033688212439996

Young, S. (2015). *I Was Wrong About Speed Reading: Here are the Facts*. Scott H Young. https://www.scottyoung.com/blog/2015/01/19/speed-reading-redo/

www.ingramcontent.com/pod-product-compliance
Lightning Source LLC
Chambersburg PA
CBHW071247070526
44583CB00017B/2357